I0787220

ESCRITOS SOBRE CAPITALISMO, GLOBALIZACIÓN
Y PARTIDOS POLÍTICOS 2000-2010

JUAN CARLOS ESPINAL

Escritos sobre capitalismo, globalización y partidos políticos 2000-2010

argos

PRIMERA EDICIÓN
ARGOS, JULIO 2018

Juan Carlos Espinal
Escritos sobre capitalismo, globalización y partidos políticos 2000-2010

ISBN CreateSpace: 978-1724588241

Editorial Argos
Santo Domingo, República Dominicana
Teléfono: (809) 482 4700
email: libros@mail.com

Edición al cuidado del autor

Queda hecho el depósito que previene la ley sobre derecho de autor. Los libros publicados por Editorial argos están impresos en la República Dominicana en papel libre de ácidos, y su proceso de impresión cumple con las exigencias requeridas por las asociaciones de bibliotecas norteamericanas y europeas para garantizar su permanencia y durabilidad.

*La libertad es la moneda
de cambio de la voluntad y el poder.*
Rousseau

Lo que Benedetti
nos recuerda

Teoría y práctica

Señoras y señores Hoy trataremos del imperialismo tema difícil si los hay y a veces engorroso de sitiar en sólo media hora de pésimas noticias en consecuencia intentaré abordarlo tal como en un pasado alegre y misterioso se solía abordar los bajeles piratas quiero decir de un modo irregular digamos por ejemplo que una campana suena a lo lejos mansa y purifica el diálogo y se queda como el sol en las copas de los árboles a pesar del calor el horizonte se pone su bufanda y unos pájaros sueltos y agilísimos la recorren y no son golondrinas nada de eso es el imperialismo digamos por ejemplo que una muchacha quiebra la mañana con sus caderas móviles sus ojos perentorios sus labios de cosecha su paso que no pasa y el muchacho espera invencible y modesto la incluye en su destino la estudia poro a poro y así centineleándola se atreve o no se atreve tampoco eso es el imperialismo digamos por ejemplo que un niño escucha el mundo y decidiéndose le echa su bocanada de candor aprende cómo son sus pies y se los come discute con el techo y lo convence llora para variar y porque sabe que a su alarido comparece el seno con su promesa láctea y esa piel que le gusta sentir junto a los párpados y sabe que es feliz aunque no sepa qué precio va a pagar o qué desprecio tampoco eso es el imperialismo digamos por ejemplo que un viejo está aprendiendo el alfabeto y clave en su memoria los

diptongos y las esdrújulas que son tan cómodas porque llevan
acento indiscutible tiene rostro de cuáquero este viejo pero el
alma la tiene de resorte y escribe llubia porque en su campito
nunca vio que lloviera con ve corta tampoco eso es el imperialismo digamos por ejemplo que una máquina late en el delirio dice
ruidosamente su producto y las manos lo ayudan lo enderezan
lo limpian lo acicalan y lo envasan manos que se conocen hace
años y hace años se mojan y se secan se dan la bienvenida y los
adioses se preguntan se llaman se responden se apoyan en la
máquina materna que dice su producto y carraspea y cuando las
ve juntas veteranas suelta dos o tres lágrimas de aceite tampoco
eso es el imperialismo digamos por ejemplo que en la serena
noche conyugal la pareja hizo un hijo porque le dio la gana y le
ha dado la gana porque sabe que un hijo es el profeta cotidiano
irá anunciándolos de sol a sol irá diciendo a todos que es un hijo
y se alimentará con insolente apetito y probará la patria como si
fuera pan caliente y nuevo tampoco eso es el imperialismo digamos por ejemplo que la frontera pierde sus aduanas y hasta nos
invadimos los unos a los otros nos prestamos volcanes y arroyitos
y cobre y antropólogos y azúcar y lana y proteínas y arcoiris y
alfabetizadores y durmientes y poetas y prosistas y petróleo y el
contrabando queda para el viento y para los amantes migratorios tampoco eso es el imperialismo digamos por ejemplo que
la lluvia y el sol nos pertenecen también el sobrecielo y el sub-
suelo las provincias de nuestro corazón y el territorio de nuestro
trabajo somos iguales ante los iguales en un mundo de pares y
sin otros una linda locura de los cuerdos y cierta estratagema de
justicia vamos poniendo tildes a presagios que se cumplieron
o se están cumpliendo en un comienzo fuimos sólo islas ahora
somos urgentes archipiélagos tampoco eso es el imperialismo y
digamos por último que tenemos la noche y nuestra casa y un

reloj que no cuenta hacia la muerte la ciencia avanza tanto que
ha logrado aislar el virus de la xenofobia y la patria es ahora un
salado bautismo que va de mar a mar y los abismo siguen existiendo aunque nadie se arroje a su silencio siempre es duro vivir
pero se vive dentro de las esclusas de la vida y una vez más afirmo
nada de esto es el imperialismo confío no haber sido demasiado
sectario en el enfoque teórico del tema señoras y señores acaba
de avisarme un compañero que afuera nos esperan los señores
gendarmes tal vez para brindarnos alguna clase práctica deseé-
monos coraje y buena suerte he dicho.

Muchas gracias.

Introducción

Esta democracia presidencialista descansa sobre una contradicción fundamental: En la actualidad es imposible describir seriamente los mecanismos constitucionales comparados y armonizarlos con los estatutos de los partidos políticos y, no obstante, es indispensable hacerlo. Se está, por lo tanto, en un círculo vicioso: sólo individualidades de la élite permitirán construir la teoría constitucional de los partidos políticos. Pero, sin un régimen de consecuencias, sin disposiciones regulatorias estas minorías dominantes podrán realmente calar hondo en el sentimiento popular. Sin una ley de garantías general de los partidos, sin procesos internos de elección el capitalismo de Estado sólo responde cuando se le interroga: y en este caso, no se sabe qué preguntas hacerle. El ejemplo histórico de la ruptura institucional del PRSC y del PRD es impresionante. Sin embargo, los problemas de la evolución de las estructuras políticas de la democracia representativa con el capitalismo, sus medios de producción y sus relaciones recíprocas juegan su papel en el Estado porque todo está concebido exclusivamente dentro del marco electoral y las referencias elementales. Pero ¿Cómo referirse a estas o como explicarlas si estas permanecen en su mayor parte indefinidas?

Todo el esfuerzo de esta serie de artículos sobre la democracia representativa tiende a romper el círculo vicioso de los partidos e intenta trazar una nueva discusión sobre la teoría constitucional que necesariamente ha de ser conjetural, aproximativa y pueda servir de base a la opinión pública y guía a más profundos análisis. En principio, los artículos publicados en el libro carecen de métodos concretos de organización. Algunos no presentan ninguna originalidad científica ya que no son sino la adaptación de las crónicas e investigaciones del periodismo de noticias y técnicas de investigación ya conocidas y probadas; otras son fuentes más recientes, pero todas coinciden en tratar de introducir objetividad en un escenario en el que la pasión de los agentes y la mala fe reinan generalmente. En primer lugar, se trata de presentar un cuadro general de análisis haciendo énfasis en el balance de los gobiernos coordinando datos, cifras —por períodos gubernamentales— comparándolos unos a los otros, entre 2000-2010, para hacer resaltar a la vez su dependencia recíproca y su importancia respectiva.

Esta serie de artículos tratan de explicar, desde las primeras observaciones por allá por 1996, —tanto como me ha sido posible— las hipótesis susceptibles que algún día permitirán formular auténticas garantías de ley en los partidos políticos. No habrá que sorprenderse, pues, del constante esfuerzo de sistematización que se manifiesta en los Arts. 215, 216 y 217 de la constitución política de 2010. La constitución política de 2010 no es sino el resultado de una deliberada intención de transportar la técnica jurídica de otros modelos constitucionales a la realidad social que en teoría reestablecen las garantías democráticas bajo nuevas apariencias jurídicas en el uso metodológico de la hipótesis. La constitución política de 2010 ha tratado de construir democracia —no mediante procedimientos economicistas y numéricos— cuyo dominio es limitado — sino por el ejemplo de todos los medios de amparo constitucional posibles que los juristas han denominado preferentemente derechos de tercera generación. Es decir, conjuntos de mecanismos de garantías fundamentales coherentes con un carácter sustantivo destinado a ser verificable, en los que su único valor es la probabilidad que se prevee y que existe para tratar de determinarse con precisión.

En todo caso, que sirva para la investigación de la verdad. El autor ruega al lector que no olvide el carácter altamente especulativo de la mayor parte de las conclusiones sociopolíticas formuladas en este libro que no cesaremos de recordarle. En los últimos 50 años, fue imposible describir correctamente el funcionamiento de la democracia representativa.

Este déficit de participación política ha originado artículos interesantes y numerosos, que más que análisis sociológicos o científicos forman parte de las crónicas de la vida del hombre común. En el marco del estudio comparativo de estas crónicas nos limitaremos casi únicamente a describir su carácter oligárquico y la influencia de las individualidades sobre la estructura institucional, que es por lo demás, mucho menos importante de lo que pudiera creerse. El sociólogo César Pérez, por ejemplo, observa que: "...El aparato estatal desempeña un papel esencial en la fase electoral, en la que el empresariado sirve para unificar intereses políticos y sociales dispersos, pero que, la institucionalidad pasa a un segundo plano, convirtiéndose la democracia representativa en el accesorio de una plataforma de negocios.

La concepción ideológica del partido oligárquico sucede a la noción estatista del partido —estado cuya orientación económica es diferente. La estratificación social de los partidos de posguerra, incluso en las propias circunscripciones, barrios o parajes — no importa - es mucho más matizada de lo que se sugiere en los estudios socio demográficos de Naciones Unidas. A pesar de todo, la democracia representativa conserva una burguesía y una clase trabajadora fuerte que constituyen dos clases sociales definidas por su capacidad de consumo. Pero, con dos mentalidades y dos actitudes socioculturales diferentes.

La composición social del siglo 21, en un ejercicio comparado con la de entre 1990 —2000, irá esencialmente orientada hacia el papel del estado en el capitalismo, ya que las élites de los partidos se caracterizan —antes que nada— por su homogeneidad ideológica y praxis política. Su evolución histórico-social se traduce en una estructura jerárquica autoritaria. Si el PRSC no sobrevivió tampoco lo hará el PRD. Repito: Tampoco lo haría el PRM y el vacío político sería enorme. La organización del sistema de partidos de élite descansa esencialmente en prácticas de la segunda república y costumbres no escritas. La democracia presidencialista es casi consuetudinaria en el tiempo. Los estatutos de los partidos políticos —y sus reglamentos internos— describen apenas una parte de la realidad: Rara vez se le aplica a la clase dominante. Por otra parte, la vida institucional de los partidos es un misterio. No hay datos precisos y no se obtienen fácilmente de ellos cifras, incluso elementales. Estamos en presencia de un sistema político jurídico primitivo donde las leyes y las elecciones se realizan en secreto. Sólo los funcionarios públicos - que usualmente son viejos militantes del partido-estado conocen bien la agenda de la organización. A pesar del medio siglo de democracia transcurrido (1962-2012) existen lagunas constitucionales múltiples. Rara vez se abordan los problemas estructurales del estado para alcanzar la objetividad necesaria lo que ha impedido la posibilidad de una conciliación y un proyecto nacional en conjunto. De esa manera la representatividad estará condenada al fracaso.

El argumento que pone de relieve el carácter contradictorio excepcional del exterminio de la razón debe ser admitido por los intelectuales de Participación Ciudadana y Finjus y esta observación se impone a todo crítico de buena fe. Pero de ello no se deriva que hay que considerar la figura de la reelección presidencial como el único ataque contra la democracia participativa o el único genocidio político jamás perpetrado. El entierro político del sistema de partidos oligárquicos va acompañado de un nuevo tipo de injerencia de parte de las distintas agencias de inteligencia de los intereses geopolíticos de EE. UU. en el Caribe, de la UE y de un sector de la sociedad civil hacia los gobiernos democráticamente elegidos.

Durante las últimas 5 décadas los hombres de estado y los hombres de negocios rivalizaron en consenso y cuando asimilaban a los líderes sindicalistas de forma transaccional y fraudulenta los incorporaban reciclándoles al aparato. Sin embargo, el triste estado de los derechos humanos, de la ausencia de garantías constitucionales constriño la participación de toda una generación.

Conviene probar que bajo el manto de los estatutos y del inmovilismo de los partidos políticos, bajo el matiz democrático de sus estructuras, la democracia representativa oculta en el fondo un espíritu autoritario y un incalculable personalismo. No se ha elegido el momento en que esta verdad sea pública para de esa manera entablar un proceso de construcción de nuevas mayorías que se convierta en respuesta a las tendencias autoritarias en un contexto de hiper corrupción del modelo capitalista de alta concentración.

Agradecimientos

Debo dejar constancia de gratitud a mi madre y a todas aquellas expresiones de amor que durante todos estos años fortalecieron mi espíritu.

Hago extensivo esto a todos aquellos que con entusiasmo se encargaron de editar y corregir el texto. Finalmente quisiera expresar mi reconocimiento a todos con los que estoy en deuda y a quienes con prontitud respondieron.

Capítulo I

Imaginemos al año 2003, que la intervención político - estatal en el sector financiero nacional privado sólo hubiera supuesto una perturbación temporal, aunque catastrófica, de unos partidos politicos y una economía estables. En tal caso, una vez la economía dominicana habría recuperado la normalidad para continuar progresando, ¿Cómo habría sido, en tal caso, la estabilidad socio cultural de los partidos politicos actuales? Es imposible saberlo y no tiene objeto especular sobre algo que no ocurrió y que casi con toda seguridad no podía ocurrir. No es, sin embargo, una cuestión inútil, pues nos ayuda a comprender las profundas consecuencias sociales y políticas que tuvo el hundimiento económico del período gubernamental de entre 2000-2004, en el devenir histórico de la sociedad civil del Siglo 21.

En efecto, si no se hubiera producido la crisis social y económica del ano 2003, no habría existido FMI y, casi con toda seguridad, tampoco reelección. Además, difícilmente el sistema político actual habría sido considerado como una alternativa al mismo. Las consecuencias de la intervención político-estatal en la banca privada nacional privada, a las que se alude brevemente, fueron verdaderamente dramáticas. Por decirlo en pocas palabras, la primera década del Siglo 21 (2000-2010) es incomprensible sin entender el impacto de esta catástrofe económica. —Este es el tema del presente artículo—. La guerra norteamericana en Irak devastó algunas zonas del viejo mundo, principalmente en Europa.

La crisis económica mundial, que es el aspecto más llamativo del derrumbamiento de la civilización burguesa occidental del Siglo 21 —tuvo una difusión social y cultural más amplia: desde México a China y, a través de los movimientos de liberación colonial, desde Libia hasta las torres gemelas en Nueva York. Sin embargo, no habría sido difícil encontrar zonas de Occidente, cuyos habitantes no se vieron afectados por el proceso revolucionario en Irán y en Medio Oriente, particularmente los ciudadanos de Estados Unidos, la Francia de Sarkozy, y extensas zonas del tercer mundo capitalista del África colonial subsahariana. No obstante, la crisis financiera global fue seguida de un derrumbamiento de carácter fiscal, al menos en todos aquellos lugares en los que los hombres y las mujeres participan en un tipo de transacciones comerciales de carácter impersonal.

De hecho, la burguesía norteamericana no sólo no quedó a salvo de las convulsiones que sufrían las poblaciones tercermundistas de América Latina y el Caribe sino que la crisis social y económica actual es el epicentro del mayor conflicto histórico-político de los Estados Unidos desde 1929: la gran depresión del consumo que se registró en Asia y Europa. En pocas palabras, la economía capitalista mundial parece derrumbarse en el mismo período de recesión y demanda y ningún Banco Central sabe cómo podría recuperarse. El funcionamiento de la economía dominicana no ha sido nunca uniforme y las fluctuaciones históricas de diversa duración, a menudo cíclicas (1962-2000) constituyen una parte esencial de esta forma de organizar los monopolios del mundo.

El llamado ciclo económico de expansión y depresión (1900-1965) era un elemento con el que ya estaban familiarizados todos los hombres de negocios desde Buenaventura Báez. Su repetición entre 1966 y 1986 estaba prevista, con algunas variaciones, en períodos de entre 10 y 20 años. A finales del 1995 se empezó a prestar atención a una periodicidad mucho más prolongada, cuando los observadores neoliberales del FMI comenzaron a analizar el inesperado curso de los acontecimientos histórico-sociales de los decenios anteriores (1986 -2006).

A una fase de prosperidad sin precedentes —desde el punto de vista del crecimiento— entre 1990 y 2000, habían seguido (cuatro años de incertidumbre económica). (Los autores que escribían sobre temas económicos hablaban con una cierta inexactitud y de una gran restricción). A comienzos de los años ochenta, los economistas "social demócratas" formularon las pautas a las que se había ajustado el desarrollo económico desde finales de 1978, si bien ni el gobernador del Banco Central de entonces, ni el posterior, entre 1982 y 1986, ni ningún otro científico social pudo explicar satisfactoriamente esos ciclos históricos y algunos estadísticos escépticos de la sociedad civil de hoy, han negado su existencia. Por cierto, entre 1982 y 1986, la gobernación del Banco Central afirmaba que en este momento la onda larga de la economía mundial iba a comenzar su fase descendente. Estaba en lo cierto.

En épocas anteriores, los hombres de negocios y los economistas del PRD aceptaban la existencia del alto endeudamiento, de las deudas y los ciclos, largos, medios y cortos, de la misma forma que el campesinado dominicano trujillista pos Lilís aceptaba los avatares de la Virgen de la Altagracia. La historia de la economía de posguerra se había caracterizado por un progreso técnico acelerado, por el crecimiento económico continuo, aunque desigual, y por una creciente globalización, que suponía una división del trabajo, cada vez más compleja, a escala global y la creación de una red cada vez más densa de corrientes monopólicas de intercambio de mercancías que se ligaban a cada una de las partes de la economía nacional con el sistema global.

El progreso técnico continuo de los ricos, incluso se aceleró, en la era del FMI y compartes, transformando las zonas rurales y reforzando la "modernización" de las urbes gracias a ellas. Aunque en las vidas de casi todos los dominicanos nacidos después de 1965 predominaron las experiencias económicas de carácter cataclísmico, que culminó en el gran sismo social y político de entre 1963 y 1984, ya nadie confiaba en este tipo de democracia. El crecimiento económico no se interrumpió durante esas décadas. Simplemente se desaceleró. Si un marciano hubiera visitado el Banco Central y hubiera estudiado la curva de los movimientos económicos desde una distancia suficiente como para que se le pasasen por alto las fluctuaciones que desde 1844 los dominicanos experimentaban, habría concluido – como ya dije en el capítulo anterior – "Que la economía dominicana continuaba expandiéndose." Las estadísticas del comercio nacional sólo contabilizan el comercio que se registra en las fronteras nacionales.

Entre 2000 y 2010, el volumen de los préstamos internacionales se disparó. Curiosamente, el sentimiento de catástrofe y desorientación causado por la crisis del 2003 fue mayor entre los hombres de negocios del CONEP, los economistas fondo monetaristas y los políticos neoliberales que entre la población. El desempleo generalizado (2000-2004) y el hundimiento de los precios agrarios perjudicaron gravemente a la población, pero al 2004 la población estaba segura que existía una solución política para esas injusticias – ya fuera en la derecha extrema o en la centro izquierda – que haría posible que los pobres pudiesen ver satisfechas sus necesidades psicologicas.

Era, por el contrario - a la inexistencia de soluciones – en el marco de la vieja economía liberal – lo que hacía tan dramática la situación de los responsables de las decisiones históricas. A juicio de la secretaria de finanzas de Hipólito Mejía Domínguez al dar inicio a la intervencion de BANINTER: "Para hacer frente a corto plazo a las crisis inmediatas, BANINTER se veía obligado a socavar la base a largo plazo de una economía en crecimiento". Las consecuencias políticas inmediatas de este episodio -(se analizarán más adelante)- el periodo de gobierno más traumático en la historia del capitalismo financiero contemporáneo. Pero es necesario referirse sin demora a su más importante consecuencia a largo plazo. En pocas palabras, la gran crisis financiera del 2003 desterró el liberalismo económico de los gurus fondomonetaristas durante los próximos 20 años.

El abandono por parte del sistema financiero nacional de los elementos esenciales de la identidad económica, de la vigilancia y la observación, así como lo es la constitución en la identidad política de República Dominicana, ilustra dramáticamente la rápida generalización del proteccionismo extranjero en ese momento.

Más concretamente, la gran crisis financiera del 2003 obligó a los gobiernos nacionales a dar prioridad a las consideraciones sociales de República Dominicana sobre las económicas en la formulación de sus políticos. El peligro que entrañaba no hacerlo así —la radicalización de la población y, como se demostró en América Central, la radicalización de la extrema derecha, la expansion de las pandillas junto al renacimiento del lavado de activos, era excesivamente amenazador.

¿A quién puede sorprender que República Dominicana aprobara su ley de seguridad social casi en pleno Siglo 21? Nos hemos acostumbrado de tal forma a la generalización de los hechos históricos, a la comparación inútil de nuestras realidades con otros ambiciosos sistemas de desarrollo social, posibles en los países desarrollados del capitalismo industrial, –como Japón o los Estados Unidos– que olvidamos como era República Dominicana al 1961, en el sentido moderno de la expresión, antes de 2010.

Incluso las provincias del Norte, Santiago de los Caballeros, por ejemplo, estaban tan sólo comenzando a implantar la automatización tecnológica en ese momento. De hecho, la expresión "modernidad" no comenzó a utilizarse hasta bien entrado los años noventas.

Ello no supone subestimar las raíces estrictamente fiscales del problema, cuyo origen es fundamentalmente político. Sin entrar en los detalles, dos cuestiones estaban en juego: a) La problemática del subsidio eléctrico; y b) Las consecuencias socioeconómicas de las transferencias del gobierno dominicano al Banco Central. En mi opinión, si no se reconstruía la economía dominicana al 2004, la restauración de la democracia representativa al 2008 y una economía liberal estables al 2012 serían imposibles.

La política de perpetuar la debilidad de la democracia participativa y de socavar la institucionalidad de los partidos políticos, como garantía de seguridad político-electoral, en tiempos de crisis global, era contraproducente.

La mayoría de los precandidatos presidenciales del PRSC, Jacinto Peynado Garrigosa, por ejemplo, habían aceptado el orden político institucional de la corte del Dr. Joaquín Balaguer Ricardo porque en realidad no tenían alternativa. Balaguer seguía en el poder tan sólo en virtud del vacío electoral que había creado a su alrededor, que no había dejado otra alternativa al abstencionismo. Los funcionarios públicos con energía, talento y ambición, Carlos Morales Troncoso, por ejemplo, trabajaban dentro del sistema presidencialista, ya que cualquier puesto que requiriese estas características, y cualquier expresión pública de talento, estaba dentro del ajedrez político del caudillo o contaba con su permiso, incluso en campos totalmente diferentes a la política, como los sindicatos y las religiones tradicionales.

Esto se aplicaba también al PLD de Juan Bosch y a la oposición tolerada, sobre todo, en el ámbito de las izquierdas tradicionales y los grupos liberales del PRD, que florecieron con el declive del sistema electoral cuando, entre 1990 y 1994, José Francisco Peña Gómez fue tratado por Balaguer y la derecha oligarquica como colaboracionista de los norteamericanos. No es extraño que la mayor parte de los dirigentes de base del PRSC optara por una vida burocrática tranquila que incluía asambleas formales de apoyo a unas manifestaciones democráticas en las que nadie creía, excepto los funcionarios públicos reeleccionistas, incluso cuando caer en desgracia por disentir dejó de ser una pena tolerada.

Pero es casi seguro que nadie en el país, creía en la democracia representativa incluyendo al periodista Rafael Herrera, en la institucionalidad democrática de los partidos políticos, por ejemplo , o sentía lealtad alguna hacia ella, ni siquiera los que gobernaban. Es casi seguro que el Dr. Leonardo Matos Berrido, un estratega político inteligente, no se sorprendiera cuando en 1978 las masas abandonaron finalmente su pasividad con los fraudes del Dr. Balaguer y manifestaran su disidencia a la dictadura de la derecha corporativa.

El momento de estupor fue captado para siempre en la figura del Gacetazo, con las imágenes de video a blanco y negro que mostraban al Presidente de la Junta Central Electoral ante una opinión pública que, en lugar de aplaudirle lealmente, le abucheaba, pero lo que le sorprendió al Ing. Ramón Pérez Martínez no fue la repulsa social a los doce anos, sino tan sólo su manifestación. Entre 1973 y 1990, por ejemplo, en ningún organismo del PLD hubo grupo alguno de radicales que se preparase para inmolarse en el bunker de su fe, ni siguiera con el historial nada desdeñable de 30 años de oposición a Trujillo del profesor Juan Bosch, incluyendo al Dr. Rafael Alburquerque.

¿Qué deben defender los candidatos presidenciales de la democracia representativa del Siglo 21? ¿Sistemas de partidos políticos de elites en decadencia, cuya inferioridad respecto al constitucionalismo de América Latina salta a la vista, sistemas electorales internos que habían demostrado ser irreformables y según el Danilo Medina Sánchez, incluso donde se habían realizado esfuerzos serios e inteligentes para reformarlos, carecian de un padron de registro confiable? ¿Quién de los precandidatos presidenciales de los diferentes partidos políticos del sistema podía seguir creyendo en este tipo de democracia presidencialista, aunque todo lo que sucede hoy hubiese parecido plausible en los años setenta hasta en los noventas? Desde el momento en que los partidos políticos dejaran de estar unidos, y hasta llegaron a enfrentarse en conflictos de interes, ni siquiera se podía hablar con propiedad de transparencia.

Con la excepción tal vez del Dr. Marino Vinicio Castillo, todos los aliados del Dr. Joaquín Balaguer Ricardo, y un buen número de movimientos externos y de personalidades independientes, sabían muy bien cuanto debían a la existencia del contrapeso político del Profesor Juan Bosch y del PLD, al predominio hegemónico y estratégico de la Cruzada del Amor. En cualquier caso, en el ano 2000, tanto en el Comité Político del

PLD, por ejemplo, como en el Comité Central, los ortodoxos peledeístas que se habían movido por sus viejas convicciones institucionales eran ya una generación del pasado.

En 1996 por ejemplo, pocos líderes de cincuenta años podían haber compartido la experiencia que había unido a Balaguer y la resistencia humanista y política de Bosch, y muy pocos menores de treinta años podrían hoy tener siquiera recuerdos vividos de esos tiempos. Para la mayoría, el principio legitimador del continuismo de Balaguer era poco más que miles de dosis de asistencialismo, abstencionismo, corrupción endémica del aparato, asistencialismo, retórica oficial o anécdotas de progreso.

Era probable, en el Siglo 21, incluso, que los miembros más jóvenes del PRD, por ejemplo, no fuesen democratas, sino simplemente hombres y mujeres, no muchas mujeres, por desgracia, que habían hecho carrera en partidos que resultaron estar irónicamente bajo el dominio ideológico de la derecha capitalista, o en todo caso de la sociedad civil. Cuando los tiempos cambiaron, los reformistas, estaban dispuestos, de poder hacerlo, a mudar de chaqueta a la primera ocasión.

En cualquier caso, quienes gobernaban los partidos políticos, o bien habían perdido la fe en su propia democracia o bien nunca la habían tenido. En 2004, cuando quedó claro que Hipólito Mejía Domínguez les abandonaría a su suerte, los del PRSC de Amable Aristy Castro de Higüey, por ejemplo, intentaron con éxito una transición política al PLD aunque los partidarios de línea dura del Comité Político trataron de resistirse hasta que se hizo evidente que los dirigentes medios y de base ya no les obedecían, aunque "La Estructura" de Andrés Vanderhorst y el PQDC de Elías Wessin Chávez siguieran haciéndolo.

En ambos casos los "estructuralistas" y los "pecudeístas" se marcharon pacíficamente del PRD cuando se convencieron de que su tiempo allí se había acabado. El fracaso político del PRSC y el consiguiente rechazo ciudadano a las propuestas liberales de izquierdas o no, eran cada vez más evidentes, aunque no se advirtiese en las encuestas, donde la popularidad del poder Ejecutivo seguía siendo muy alta.

El caudillismo neo liberal redujo las alternativas y la posibilidad de maniobra de los movimientos sociales. Las alianzas cambiantes con los distintos grupos políticos y de poder que habían surgido de la parlamentación constitucional de la política, con lo que el sistema presidencialista se ganó la desconfianza tanto de la sociedad civil pro EEUU, que inicialmente se había agrupado alrededor de Participación Ciudadana, y los que desde la opinión pública en manos privadas habían convertido la imagen del capital en una auténtica fuerza para la continuidad cuya influencia mediática se había roto.

Los precandidatos presidenciales del sistema capitalista eran paradójicamente individuos demasiado identificados con el sistema que los había creado; eran hombres demasiado de comité como para las acciones históricas decisivas; demasiado alejados de las experiencias de la república urbana e industrial, en cuya dirección no habían participado como para tener el sentido de las realidades de la calle que tenían los Jefes de la democracia.

La comparación del Dr. Joaquín Balaguer Ricardo Presidente, con el Dr. Leonel Fernández Reyna Presidente, con otros dirigentes cincuentones, de diferentes épocas y de multiplicidad de intereses y valores, guardando las distancias, resultaba instructiva.

El camino a la candidatura presidencial del PLD al 2016, por ejemplo, y puede que al éxito político al 2020 y , en verdad, a un lugar especial en la historia política contemporánea, no está pavimentado con buenas intenciones sino con los duros principios del realismo. Pero, en realidad, ¿Existía alguna opción política alternativa al 2020 diferente al planificado empuje del plan estratégico de la continuidad en el Progreso? Ojalá pudiera decir que sí, pero no puedo. No soy capaz de encontrar una respuesta.

A comienzo de los años ochenta, un economista católico de derechas, José Luis Alemán, SJS, quien sería una de las primeras víctimas del centrismo ideológico de pos guerra, formulo las pautas a las que se había ajustado el desarrollo económico desde finales de los años sesenta, explicaba: —"…El capitalismo neoliberal atraviesa una serie de ciclos largos de recesión…" "…De una duración aproximada de entre treinta y cincuenta años, si bien— expresaba el sacerdote…" "…Ni el estado ni ningún empresario pudo explicar satisfactoriamente esos ciclos y algunos líderes políticos escépticos han negado su existencia…" "…Los nuevos ricos de la oligarquía…" —desde entonces se conocen con su mote, en la historia de la economía política especializada. Por cierto, el padre Alemán afirmaba: "…Que en ese momento la onda de ciclos largos de la economía neoliberal iba a comenzar su fase descendente…" —Estaba en lo cierto—.

En épocas anteriores, los hombres de negocios del CONEP y los economistas del Banco Central aceptaban la existencia de las ondas y los ciclos, largos, medios y cortos, de la misma forma que los sacerdotes aceptaban los milagros de la Virgen de la Altagracia. No había nada que pudiera hacerse al respecto: Los nuevos ricos del CONEP hacían surgir oportunidades o problemas y podían entrañar la expansión de la bancarrota de la microempresa y los emprendedores. Pero, ¿Cuál es la causa del mal funcionamiento de la economía neoliberal en el período de recesión? Los nuevos ricos del CONEP crecían, pues, a un ritmo explosivo. Al llegar los años ochenta, era evidente que nunca había existido algo semejante. La producción de manufacturas se cuadriplicó entre principios de los ochenta y principios de los noventa y, algo todavía más impresionante, el comercio nacional de productos importados se multiplicó por 1000. Como todos en la Cámara Americana de Comercio saben, la producción agrícola se derrumbó, aunque sin tanta especulación"…

No tanto…" como acostumbrada suceder hasta entonces —gracias a la hiper corrupción del aparato, primero, al modelo económico neoliberal, segundo, a la crisis social y política e institucional del Estado-Nación, en su conjunto, después. La inequidad del modelo de desarrollo, desde luego, se expandió por doquier, por las emergencias de los hospitales públicos, por ejemplo; por los liceos de instrucción pública, también. En el país, el asombroso desarrollo de los nuevos ricos del CONEP, se produjo después de las devaluaciones de los ochentas, pero en todas partes el número de nuevos pobres, creció, por lo menos para financiar sus importaciones del resto del mundo y, en verdad, la extrema pobreza aumentó de forma notable. A finales de los años ochenta, apenas una docena de familias pagaban la mitad o más de sus impuestos con los costos de pérdidas de producción. El rendimiento de los productos agrícolas por hectárea se derrumbó entre 1980 - 1990 y entre 1990 -2000, se fue a "pique" con creces en el sur profundo y en la frontera. Las flotas pesqueras   extranjeras, mientras tanto, triplicaron sus capturas antes de volver a sufrir un descenso. Hubo un efecto secundario de esta extraordinaria expansión que, visto desde la actualidad, ya presentaba un aspecto amenazante para el hombre: la contaminación y el deterioro ecológico. Durante los doce años de Balaguer apenas se fijó nadie en ello, salvo los entusiastas de la naturaleza y otros peregrinos de las rarezas humanas y naturales porque la ideología de los nuevos ricos del CONEP, y el centrismo ideológico del desarrollismo daba por sentado que el creciente dominio de la naturaleza por parte del hombre era la justa medida del avance de la sociedad, que da inicio a su vez a un nuevo ciclo de desregulacion financiera. Por eso, la planificación de la economía dominicana se hizo totalmente a espaldas a las consecuencias ecológicas de la isla que iba a traer la construcción masiva de un sistema de privatización, más bien arcaico, basado en el turismo todo incluido, las telecomunicaciones, fuga de capitales y el envío de remesas. Incluso en la   Cámara Americana de Comercio, por ejemplo, el viejo lema del nuevo hombre de negocios reza: "…Donde hay pobreza, hay oro…"— "… o sea: … La desigualdad es riqueza…" Aún resultaba convincente, sobre todo para los constructores de carreteras y los promotores inmobiliarios que descubrieron los increíbles beneficios que podían hacerse en especulaciones infalibles, en el momento de máxima expansión del Siglo XXI. Todo lo que había que hacer era esperar a que el valor de los solares— Pienso ahora en las playas de Miches y en la rivera de la zona del Puerto, el proyecto de cruceros Sans Soucí, por ejemplo, se disparase hasta la estratósfera. Un solo edificio bien situado, podría hacerlo a uno más millonario, prácticamente sin costo alguno, ya que se podía pedir un crédito, por ejemplo, con la garantía del estado, a futura construcción, endeudados hasta el tope y dependientes a los organismos internacionales y ampliar ese crédito a medida que el valor del edificio construido o por construir, lleno o vacío, no importa, fuera subiendo.

Al final, como de costumbre, se produjo un desplome, al igual que épocas anteriores de expansión, La economia dominicana terminó con un colapso inmobiliario y financiero

—pero, hasta que el fenómeno llegó a los centros de la Capital y Santiago, en las provincias costeras del Norte y del Este, fueron arrasados por las construcciones en toda la isla, destruyendo de paso tesoros nacionales, reservas estratégicas, construidas alrededor de alguna catedral, como en la Zona colonial de Santo Domingo, por ejemplo. Como los nuevos ricos del Este, por ejemplo, descubrieron que podía utilizarse algo parecido a los métodos industriales de producción para construir habitaciones turísticas "rápido y barato", llenando los suburbios parte atrás con enormes bloques sociales de inseguridad, los años setenta y ochenta probablemente pasarán a la historia como el decenio más nefasto y corrupto del urbanismo desarrollista 1962 -2010.

En realidad, lejos de preocuparse por el medio ambiente, parecía haber razones para que el CONEP se sintiera satisfechos. A medida que los resultados de la contaminación del Siglo XX fueron cediendo el terreno a la tecnología y la conciencia ecológica del Siglo XXI. ¿Acaso no es cierto que la simple prohibición del uso de conchas de carey a partir de 1990 eliminó de un plumazo la extinción de esa especie de tortugas, inmortalizadas por la modelo de pasarelas Georgina Duluc en los Premios Casandra? ¿No volvió a haber, al cabo de unos años truchas, cangrejos y tilapias remontando el Río Ozama, contaminando en otro tiempo? Las inmensas factorías envueltas en el humo de sus chimeneas – pienso ahora en la contaminación ambiental de Metaldom, por ejemplo .Otras aventuras empresariales – habían sido sinónimo de "Industria". Otras fábricas más limpias, más silenciosas, se esparcieron por Haina, con plomo y todo. La Zona Industrial de Haina, por ejemplo contaminaba tanto como Chernobil.

A medida que se fue vaciando el campo, la gente, o por lo menos, la gente de clase media de las zonas urbanas de Bonao, por ejemplo, —pienso ahora en la escoria de la Falconbridge Dominicana— se mudó a las ciudades y abandonó las granjas. La población vulnerable pudo ahora sentirse más cerca del cáncer de pulmón que nunca. Sin embargo, no se puede negar que el impacto del "conuquismo" sobre la naturaleza, sobre todo las agrícolas, sufrió un pronunciado incremento a partir de la deforestación de mediados del Siglo XX, debido en gran medida al enorme aumento del uso de los combustibles fósiles – carbón, petróleo, gas natural, etc.—, cuyo posible agotamiento en los mercados había preocupado a los futurólogos de Industria y Comercio. Irónicamente, ahora se descubrían nuevos recursos antes de que pudieran utilizarse. Que el consumo de energía total se disparase – de hecho se triplicó a partir de 1990 – no es nada sorprendente. Una de las razonas por las que los nuevos ricos del CONEP se enriquecieron de forma desmedida a lo largo de todo el periodo que va de 1970 a 2000 indica el alcance de la enorme fuga de capitales. Es que el precio medio del barril de petróleo era inferior a los altos impuestos locales a las gasolinas, en las estaciones, a los criminales subsidios de producción por parte del Estado, haciendo así que la energía consumida por ellos fuese ridículamente barata y continuara encareciéndose para las clases medias y los trabajadores constantemente. Sólo después de 1963, tras el golpe de estado, cuando el cartel de importadores de petróleo decidió por fin cobrar lo que el mercado especulativo estuviese dispuesto a pagar, los ecologistas levantaron acta, preocupados, de los efectos del enorme aumento del tráfico de vehículos con motor de gasolina, ya que oscurecía los cielos de la Capital y Santiago. En las horas "pico" y sobre todo en las provincias pequeñas motorizadas que, sustituyeron el "burro de cargas" por el moto-concho. La contaminación ambiental fue, comprensiblemente su primera preocupación.

Sin embargo, las emisiones de dióxido de carbono que calentaban la atmósfera casi se triplicaron entre 1950 y 2000, es decir, que la concentración de este gas en la atmósfera aumentó poco menos de un 100 x 100 anual.

La producción de productos químicos que afectan la capa de ozono, experimentó un incremento casi vertical. Los nuevos ricos del CONEP producían la gran parte de esta contaminación, aunque la industrialización "sucia" de República Dominicana produjera casi tanto dióxido de carbono como las plantas de gas oil,   casi cinco veces más en 1985 que en 2016. Per cápita, por supuesto, la contaminación ambiental del desarrollismo neo liberal seguía siendo superior con mucho. Para ser justos, hay que decir que la era del automóvil hacía tiempo que había llegado al país, —¿1898-1901?, pero poco después de la II Guerra Mundial, a escala más modesta, a la clase media urbanizada. Es necesario establecer que la baratura de los combustibles hizo del camión y el autobús los principales medio de transporte y de contaminación del país. Era obvio que la pobreza no se había eliminado aún. La mayor parte de los consumidores seguía siendo pobre. ¿Qué mas podía pedir la sociedad, en términos materiales, sino hacer extensivas las ventajas de que ya disfrutaba el CONEP que, hay que reconocerlo, aún constituían la oligarquía dominante, y que todavía no se habían embarcado en el desarrollo cientifico y la tecnologico? ¿Qué problemas ambientales faltaban por resolver? ¿Las Granceras? ¿Los Haitíses? ¿La Cementera? ¿La Barrick Gold? Un político de izquierdas con extremo sentido común, y hay que decirlo, una inteligencia, escribió en 1970: "...Nuestro ritmo de crecimiento actual hará que se triplique nuestro Producto Nacional Bruto dentro de 50 años..." "...El capitalismo será reformado hasta que la pobreza, el paro, la miseria y la inestabilidad provoque incluso el posible hundimientos del sistema…" (Asdrubal Domínguez). En mi opinión, en el Siglo XXI, no existen explicaciones realmente satisfactorias del alcance de este desarrollo capitalista y, por consiguiente, no los hay para sus consecuencias sociales futuras sin precedentes.

Las elites políticas y empresariales y su estatus quo del siglo 21 descubrieron tardíamente la senda del progreso colectivo del equilibrio social a través de la inequidad distributiva del presupuesto. Tal vez eso se debe a que —históricamente hablando— los pensadores convencionales de la democracia representativa se agruparon con los movimientos de ideología nacionalistas —agrarios, que los observadores urbanos del siglo 21 confunden fácilmente con el desarrollo humano e incluso tecnológico de la epoca; con la reacción y la contra revolución capitalista de entre 1930-1978, por ejemplo.

Después de todo, todas las grandes batallas sociales del país, en el periodo revolucionario 1948-1959 primero, y posteriormente entre 1963 y 1965 se habían hecho siempre contra los intereses de República Dominicana y nunca a favor de su causa revolucionaria. De hecho el término democracia representativa no paso a formar parte del vocabulario populista de los partidos políticos de elite hasta después del golpe de estado de 1963. Las elites capitalistas —que durante la dictadura imperial de los EE.UU en Santo Domingo, 1930-1961, habían intervenido tanto en operaciones de guerras regulares como irregulares— utilizaban el término "progreso", que durante la dictadura constitucional del Dr. Joaquín Balaguer Ricardo se impuso entre los movimientos de resistencia de inspiración fascista. La elite -el sector financiero-¿En los anos 90´s? realizo una intensa actividad de lobby político- al interior de los partidos políticos- al terminar la segunda fase del borrador neoliberal. Con anterioridad a la primera ola de privatización del estado, la democracia constitucional no figuraba entre las tácticas de los gobiernos.

Excepto, quizá, en la elite de la iglesia católica, donde algunos obispos fueron actores directos de   la nueva estrategia neoliberal. Después que los resultados socio económicos del "diálogo tripartito",- bajo la dirección de Agripino Núñez Collado y sus economistas neo liberales- se volviera contra sus antiguos aliados el sindicalismo populista, (tras el espectacular fracaso de las propuestas e iniciativas de la elite empresarial) , José Francisco Peña Gómez (PRD) principal estratega de la nueva estrategia de la elite terminaría por reconocer que después de medio siglo de presencia norteamericana en Santo Domingo había extensas zonas del estado- nación que escapaban al control institucional de la administración central, sino que, como devoto de "Desde Cristóbal Colon hasta Fidel Castro", —la gran obra clásica del profesor Juan Bosch—, creía que la táctica de la paz social era tan solo un componente tradicional de los conflictos sociales en Rep. Dom. (1984).

Desde luego, a ningún dominicano con una cierta formación clásica se le escaparía la similitud existente entre el establecimiento por parte de Washington en el Caribe de la primera zona libre de "comunistas". En 1973, el joven Francisco Alberto Caamaño Deno había sido incitado por sus aliados revolucionarios de Santo Domingo lo que llevo a sus antiguos compañeros de aventura a imitar a los antiguos héroes. La estrategia de las elites del país parecía inadecuada en el siglo 21, para las municipalidades con unas comunicaciones internas modernas y para una población habituada a ser controlada por los impuestos directos y la especulacion de precios no importando que tan asocial esta estrategia se constituyera . Lo cierto es que desde un principio 1916-1924 la estrategia de de los EE.UU. en República Dominicana ni siquiera tuvo éxito en la dictadura trujillista, 1930-1961, donde el Estado Nación -después de varias campañas militares- obligo en 1959 a los "comunistas" a abandonar para siempre sus intenciones en las principales regiones del país y, luego años mas tarde, a retirarse al exilio involuntario primero, a la sociedad civil, segundo y a las recién creadas organizaciones privadas de los partidos políticos del sistema de elite empresarial. Los antiguos jóvenes que se revolucionaron , como Antonio Isa Conde, por ejemplo, abrazaron el capitalismo salvaje a finales de los años noventa, y tiempo después, ningún grupo sindical de importancia volvió a poner en práctica la táctica de la huelga ,en parte alguna, —ahora pienso en Pepe Abreu—, a no ser FALPO, en el noroeste, en su "inspiradora" lucha contra la desigualdad, medio siglo después. Sin embargo la democracia representativa pareció una ocasión más inmediata y general al camino del capitalismo salvaje.

Las instituciones democráticas empezaron a desestabilizarse y los líderes políticos y empresariales de elite intentaban controlar la inestabilidad democrática donde la resistencia social había sido más eficaz. Probablemente, Leonel Fernández, pudo haber conservado un consenso mayor con inclusión - en las capas medias y bajas de la población- aunque no sabemos si por mucho tiempo. Pero, por las razones que fuera, todavía en el año 2011 la institucionalidad democrática es objeto de debate en lo que queda de la izquierda democrática, o lo que hoy se supone que es ser progresista. La segunda fase de las privatizaciones fondomonetaristas (1986-1996) surgió del impacto de la guerra fría, aunque entre 1907-2007, de una forma totalmente distinta.

En la tercera ocasión, la democracia sucumbió al capitalismo salvaje y el rechazo de la población a este tipo de pensamiento político y empresarial de elite llevo a la tensión de la sociedad con el poder. La naturaleza y la acción política de los partidos emergentes se analizaran en otro momento. Lo que nos interesa ahora es el fenómeno de la transformación social-desde abajo-, en sí mismo. Todavía hoy el poder es ejercido por el grupo (o grupos) oligárquicos aliados a las fuerzas históricas conservadoras, pues el PRSC, el PQDC, la FNP, por ejemplo –en el contexto histórico-, no habrían podido ser demócratas solamente por el hecho de que un tercio de las fuerzas populares otorgaran una legitimidad constitucional, ni siquiera aliados al PLD. Naturalmente los intermediarios de ala liberal de la derecha se opusieron a los regímenes dominados por los democráticos revolucionarios. En los partidos políticos del sistema no existió nunca un vacío de poder. Para un sector de la elite dominicana , un movimiento de unidad social fuerte jamás lograría alzarse con el poder más allá del clásico hundimiento de la institucionalidad democrática del siglo 21.Para un sector de la opinión publica nacional la institucionalidad democrática se da solo y únicamente en las fuerzas externas desde la optica de sus interlocutores validos.

Las fuerzas sistémicas de oposición al oficialismo estaban divididas como lo asegura los vaivenes de su convención. . En este país, la dirigencia media y de base de los partidos políticos de elite luchan de manera desigual con el poder factico, enfrentándose a una democracia mediatizada y cada vez más débil, pero que también habían luchado en la guerra colonial del 1965. Naturalmente, la dirigencia media y de base, necesitaba contar con el apoyo de una gran parte de la población, entre otras razones porque en conflictos políticos internos al prolongar el centralismo democrático pues se controla la situación.

El problema del sistema de partidos políticos de elite radica en que al no existir garantías constitucionales para dirimir la participación- en "democracia"- se ha creado indirectamente un sistema de desigualdades y privilegios. ¿Acaso no dicen los estudios de opinión pública y las encuestas de investigación socio demográfica que la mayor parte de la militancia media y de base del sistema de partidos de elite estaba en una inercia tal que estaba a punto de caer -en cualquier momento - en el abismo sociopolítico, y que muchos otros movimientos sociales y políticos estaban amenazados por la incertidumbre? pero, ¿Podía algún observador serio asegurar que la democracia había dado un decisivo giro hacia la participación popular? Si los gobernantes y los empresarios de esta sociedad dominicana del siglo 21 tenían alguna duda de ese tipo de transformación social, no era fruto del equilibrio social y económico del modelo.

Lo que les debería preocupar a las elites políticas y empresariales del status quo era como reconstruir unos barrios empobrecidos, repletos de hombres y mujeres exhaustas y envejecientes arruinados por el capitalismo salvaje, en medio de unas riquezas inexplicables y en algunos casos signos hostiles a la convivencia humana. . Estuvieran o no justificados, los temores que existían en las elites del país formaban parte de la era de la volatilidad y las crisis socio económicas de la revolución social y tecnológica mundial nacida en los años 90. En suma, la historia de la primera década del siglo 21 no puede comprenderse sin la revolución anticolonial de los países árabes y latinoamericanos sus repercusiones directas e indirectas.

Si un dominicano de finales del Siglo 19 hubiera observado la curva del crecimiento económico de la sociedad dominicana del Siglo 20 desde una distancia suficiente en el Siglo 20, como para que le pasasen por alto las restricciones socioeconómicas y educativas de la población excluida de principios del Siglo 21 y sus respectivas fluctuaciones habría concluido, con toda certeza, que la economía dominicana continuaba expandiéndose. Sin embargo, en mi opinión, ello no era cierto en un aspecto: La globalización neo liberal de la economía mundial de consumo parecía haberse interrumpido. Según todos los parámetros fondomonetaristas de la economía mundial se estancó o retrocedió. En los años posteriores al Tratado de Libre Comercio se había registrado la migración más masiva de la historia de pos guerra, pero esos flujos migratorios habían cesado, o más bien habían sido interrumpidos por el inmovilismo socio-económico y las restricciones políticas.

Entre 2000-2010 el comercio nacional se recuperó de las conmociones fondomonetaristas y las crisis socio políticas para superar el derrumbe financiero de la banca nacional y de esa manera estabilizar ligeramente el nivel de inflación de la década de 1990. A finales del Siglo 20, cayó luego durante el período de depresión del dólar. En República Dominicana su impacto se produjo al finalizar la era de las privatizaciones pues el volumen de la deuda hoy era mucho mayor que antes de la intervención estatal de la banca nacional en 2002.En contrapartida la deuda externa se había más que duplicado entre los últimos años del Siglo 20 y se multiplicará por cinco en el período comprendido entre 1964 y 2004.

El estancamiento social y tecnológico de los dominicanos más vulnerables resulta aún más sorprendente si se tiene en cuenta que una de las secuelas de la primera ola de privatizaciones fue la aparición de un número importante de nuevos distritos y municipios , fragmentaciones socio culturales en la Provincia de Santo Domingo y la zona sur de Santiago. El incremento tan importante de cordones de miseria en torno a las urbes rurales —Ello supone alta concentración, es decir, hacinamiento humano y ambiental— y la relajación de las fronteras políticas nacionales induce a pensar que tendría que haberse registrado un aumento automático del comercio inter municipal, ya que los intercambios comerciales que antes tenían lugar dentro de una misma provincia (por ejemplo, en Nagua – Samaná o en la ruta hacia la franja de la Cordillera Septentrional de la isla) se habían convertido en intercambios internacionales. (Las estadísticas del comercio nacional sólo contabilizan el comercio que atraviesa fronteras municipales). Asimismo, es propio suponer altos índices de exclusión y violencia. El trágico flujo de refugiados haitianos en la época de pos-guerra y pos revolucionaria, cuyo número se contabiliza ya en millones de personas, indica que los movimientos migratorios nacionales tendrían que haberse intensificado, en lugar de disminuir.

Durante los doce años de Balaguer la depresión pareció interrumpirse incluso en el flujo internacional de capitales. Entre 1964 y 2004, el volumen de los préstamos internacionales aumentó más del 90 por ciento. (Se han apuntado varias razones para explicar esa liberalización capitalista: …. "Que la principal economía en crecimiento del mundo, Estados Unidos, estaba alcanzando la situación de crisis, de auto insuficiencia, excepto en el suministro de algunas materias primas, y que había tenido una gran dependencia del comercio exterior. Sin embargo, incluso en países que siempre habían desarrollado una gran actividad comercial con República Dominicana y los países caribeños (CARICOM, por ejemplo,) se hacía patente la misma decadencia. Los dominicanos contemporáneos del Siglo 21 creían ver una causa más evidente de alarma en los bajos salarios y el alto desempleo y probablemente tenían razón. Todos los índices socioeconómicos indicaban que los economistas fondomonetaristas del Banco Central hacían cuanto estaba en sus manos para proteger una economía local de monopolios y alta concentración de capitales, frente a las amenazas del exterior, es decir, frente a una economía global que se hallaba en una difícil situación.

Al principio de la crisis capitalista de entre 2000 y 2010, tanto los agentes económicos locales como el BID y el Banco Mundial, así como los gobiernos esperaban: .."Que una vez superadas las perturbaciones causadas por la deuda hispanoamericana y sus clásicas secuelas (inseguridad pública, corrupción generalizada, altas tasas de desempleo y fuga de capitales) la situación de progreso y crecimiento económico volvería a los ciclos de crecimiento del periodo anterior al año 2003" que la Presidencia del Banco Mundial en el país consideraba normal. En realidad, la prosperidad de las clases medias asalariadas se derrumba entre 1980 y 1999 socavando el poder de la democracia dominicana. El desempleo no volvió a descender y los sindicatos perdieron la mitad de sus afiliados en los 50 años siguientes desequilibrando de nuevo la balanza a favor de los empresarios.

A pesar de ello la prosperidad continuaba sin llegar. El liderazgo político y empresarial hizo cuanto les fue posible para sostener el status quo sobre la base de un proceso histórico inflacionario, esto es, para intentar que sus mercados retornasen a los viejos y firmes principios de la intervención estatal y los subsidios ocultos; de la moneda sobre valuada y por el patrón clásico de la burbuja especulativa financiera global que no había resistido los embates y riesgos de la deuda.

Los economistas del FMI lo consiguieron en América Latina, en alguna medida, entre 1970 y 1990. Se registró un hundimiento espectacular del sistema monetario sólo comparable al que sufrió una parte de la población estadounidense luego del crack financiero de 1929. En el caso extremo, el valor del dólar se redujo a una milésima parte de su poder adquisitivo lo que equivale a decir que el peso se devaluó. Entre 1980 - 2000, los propietarios de las pólizas de seguro -en el país- que se habían vencido durante el período de la inflación fondomonetarista del Banco Central -contaban en privado- que cobraron sus beneficios en moneda devaluada, que tiempo después sirvió para pagar los intereses de los préstamos cuyos intereses habitualmente no podían pagar. En suma, entre 1970-2000 se esfumó por completo el ahorro privado lo cual provocó una falta casi total del capital circulante para las empresas.

Eso explica en gran medida que durante los años siguientes a la firma del TLC con EEUU la economía dominicana tuviera una dependencia tan estrecha de los créditos exteriores, dependencia que es la causa de la gran vulnerabilidad de la democracia cuando comenzó la depresión financiera global de entre 2000 y 2010. Mirando el fenómeno en retrospectiva, las quebradas industrias del siglo 19 y principios del 20 entraron en decadencia, y su derrumbe anterior cobró notoriedad cuando millones de obreros fueron a las calles y la notoriedad posterior de la deuda hizo que su convulsión fuese más rápida.

La industria de los servicios empleaba ahora a menos gente que nunca antes; cuando no, desaparecían. Las industrias tradicionales de tercera generación hicieron que la catástrofe fuera ejemplar. La cantidad de empleados en la industria textil y de confección y de calzado se redujo a menos de la mitad respecto de la era de las especulaciones bursátiles del modelo neoliberal. La cantidad de empleados de la industria de la construcción- entrado el Tratado de Libre Comercio- emigró en masa y la competitividad del libre comercio tercermundista desapareció prácticamente iniciándose el fin de la democracia representativa. Las hamburguesas Mc Donald's de la Churchill con Sarasota y los restaurantes de comida rápida detuvieron en seco la expansión territorial pero aun así emergerían los expendios de comida china criolla en los barrios de la parte alta de la Capital y Santiago. En las circunscripciones electorales 1, 2 y 3 del DN, en las plazas comerciales en la avenidas Duarte y la Mella; en San Francisco de Macorís, en Bávaro y la zona costera de Higüey.

Mientras desaparecían las últimas minas de Bonao, donde miles de trabajadores se habían ganado la vida como obreros de campo abierto, a principios de la pacificación norteamericana en Santo Domingo, los obreros sobrevivientes bajaban a los parques públicos abandonados por las instituciones del Estado responsables de su durabilidad en el tiempo para recordar lo que antes habían hecho a favor de la eterna seguridad social en la oscuridad capitalista de las profundidades. Y, aunque nuevas tecnologías sustituyeran a otras antiguas- no eran las mismas industrias- siempre estaban concentradas en los mismos lugares y centros de alto consumo y lo más probable era que estuviesen organizadas de modo diferente al esquema de producción internacional.

Los titulares de los periódicos de los años 90s que hablaban de inversión de capitales lo sugiere: Las grandes fábricas de producción en masa construidas en tomo a la cadena de montaje; la distribución de transporte de carga y sus monopolios e intermediarios, las regiones inmobiliarias dominadas por una sola industria, como los MALLS , los resorts todo incluido. La clase obrera local unida por la segregación residencial y por el lugar de trabajo, en una unidad poblacional multiacéfala denunciaba las características esenciales de la industria clásica neoliberal. Era una imagen macroeconómica poco realista pero representaba algo más que una verdad simbólica.

En los lugares donde las estructuras del capitalismo financiero florecían como en los países de industrialización reciente del tercer mundo como Argentina y Brasil o las economías capitalistas industriales con altos niveles de desigualdad , como en Chile,- detenidas por la influencia de los intereses de las multinacionales- y la caída del mercado de valores de Wall Street, las desventajas con el mundo industrial de occidente en el período de la posguerra; en el período de expansión de los Estados Unidos en el Caribe, entre 1959-1962; o hasta anterior a 1916, eran evidentes y abismales, incluso con el surgimiento de poderosas organizaciones corporativas del cobre en los grandes centros industriales basados en la industria de la automoción o como quiera llamársele.

No era una crisis de clase sino de conciencia. A finales del siglo 20 las nada homogéneas poblaciones de La Victoria, en el norte de la capital de Santo Domingo, que se ganaban la vida vendiendo su trabajo manual a cambio de un salario mínimo en las zonas francas o la industria de los servicios, aprendieron a verse como una clase trabajadora única y, al considerarse ese hecho como un fenómeno socioeconómico importante del siglo 21, su situación como seres humanos dejó de existir en ese tipo de sociedad constitucional. Por supuesto, los trabajadores estaban divididos entre sí, no solo por el hecho de ser asalariados y de hacer el trabajo duro trabajando, sino también por el hecho de pertenecer, en una inmensa mayoría, a las clases pobres económicamente inseguras, pues, aunque los pilares fundamentales de los movimientos obreros fueron la marginalidad y la miseria, lo que se esperaba de la vida útil, según el patrón de vida del Banco Central, era poca cosa y estaba muy por debajo de las expectativas, salarios-alquiler en el doble estándar de la estratificación social.

De hecho, la economía de bienes de consumo no perecederos para las masas le había dado de lado a la clase media en todas partes, hasta en la indigencia, y en los financiamientos de micro crédito, y en el período de las privatizaciones. La segregación social, el estilo de vida de los trabajadores, propio de su jerga social y moda, así como por la falta de oportunidades en la vida que los diferenciaba de la alta burguesía local, y de los empleados administrativos y comerciales que gozaban de mayor ascenso social y oportunidades, era una cosa grave, aunque su situación económica fuese igual de precaria. Los hijos de los profesionales medios no esperaban ir, y rara vez iban a la universidad.

La mayoría eran mediano burgueses, vendedores de mercancías, visitadores a médico, con una edad límite de escolarización obligatoria de algo más de quinto o sexto grado, universalmente hablando. Los campesinos ni hablar. Vivían en el Siglo21 del discurso de la modernidad de un modo diferente a los demás, con expectativas vitales diferentes, y en lugares de alta densidad poblacional. Sus viviendas suelen ser de alquiler y apenas una minoría privilegiada poseía casa propia.

Las amas de casa participan en la vida pública, en el mercado, la calle y en las juntas de vecinos. Pero, la sociedad estaba profundamente dividida. Era un rasgo característico de los dominicanos menos privilegiados socio-políticamente hablando, que por razones instrumentales tenían que ser medianos burgueses por lo inadecuado de la influencia en los asuntos públicos del poder individual. En muchísimos aspectos, el Estado Nación culminó en los países pobres, en los antiguos países desarrollados, al término de la Segunda Guerra Mundial. La combinación del período de máxima expansión del siglo, del pleno empleo y de una sociedad de consumo auténticamente de masas transformó por completo la vida de los pueblos y las naciones del mundo, de la gente, de la clase obrera en los países en vías de desarrollo y seguirá transformándola.

Los sindicalistas o los miembros del partido que en otro tiempo se representaban en las regiones locales o en los actos políticos entre otras cosas eran solo algo así como una falsa diversión protocolar de diversos grupos privados marginales de la sociedad para ir ganando tiempo y a futuro pensar en mayores y mejores formas de atracción, para perder el tiempo, a menos que fuesen anormalmente militantes. De cara a cada campaña electoral los activistas políticos del oficialismo y de la oposición habían formado una eficaz campaña mediática con el objetivo de la polarización de las fuerzas sociales sistémicas.

La prosperidad y la privatización de la existencia humana separaron lo que la pobreza y el colectivismo de los espacios públicos habían unido. En resumen, el pleno empleo y una sociedad de consumo sin racionalidad dirigida a un mercado auténticamente de masas con bajos niveles de instrucción coloca a la mayoría de los trabajadores, por lo menos durante una parte de sus vidas, muy por debajo del nivel en que ellos habían soñado, en el que el dinero se gastaba sobre todo para cubrir las necesidades básicas.

¿Quién, de no ser la autoridad pública, en el presidencialismo, podría y querría asegurar un mínimo de renta y de bienestar para toda la sociedad, contrarrestando la tendencia capitalista hacia la desigualdad tan visible en las décadas de crisis? ¿Qué cambios en el sistema de partidos políticos tradicionales serían necesarios para eliminar sus defectos? ¿Seguirá siendo el mismo sistema presidencialista después de haber eliminado la participacion?

Ya que, como había observado Juan Bosch - a propósito de las fluctuaciones cíclicas de la democracia capitalista -: "...Estas arritmias históricas no son acontecimientos sociales y políticos aislados que puedan tratarse por separado sino como parte de la esencia del estado-nación que los pone de manifiesto..." La reacción inmediata de los estrategas políticos de la sociedad civil ante el hundimiento del sistema electoral de partidos políticos tradicionales fue que ratificaba el triunfo permanente del gran capital corporativo, del presidencialismo centrista, y del bipartidismo de derechas, dos conceptos que los analistas de opinión menos refinados acostumbran a confundir.

Aunque a fines del Siglo 20 no podía decirse que el centrismo populista estuviera en su mejor momento, el capitalismo de concentracion al estilo neo liberal estaba definitivamente muerto y con pocas probabilidades de revivir. Por otra parte, a principios de los noventas ningún estratega serio podía sentirse tan optimista respecto de la democracia representativa como del centrismo ideológico. Lo máximo que podía predecirse con alguna confianza, exceptuando tal vez los regímenes autoritarios más inspirados por el personalismo. Todos los partidos políticos continuarían declarando su profundo compromiso con el bipartidismo de derechas, con el nacionalismo secular, aliados al consenso de Washington o no, organizando algún tipo de elecciones (¿Selecciones?), manifestando cierta tolerancia hacia la oposición y dando un matiz de significado propio a este término.

La característica más destacada de la situación política electoral de la democracia representativa era la inestabilidad. Para la mayoría de los estrategas políticos de la sociedad civil las posibilidades de supervivencia de la democracia representativa existente en los próximos diez o quince años no eran, según los cálculos del optimista sociólogo César Pérez, "...demasiado buenos..." e incluso en partidos políticos con sistemas electorales relativamente estables, como el PLD o el PRD, su existencia como modelo de bipartidismo unificado podía ser insegura en el futuro inmediato, como lo era la naturaleza institucional del partido reformista, por ejemplo.

En definitiva, el centrismo ideológico no es un buen campo para los adivinos. Sin embargo, algunas características del panorama político local permanecen inalterables.

La primera de estas características era el debilitamiento del estado-nación, la institución política central desde la era de las privatizaciones, tanto en virtud de su monopolio del poder público y de la ley, como porque continúa el campo de acción político más adecuado para muchos fines.

El estado-nación , 1962-2010, por ejemplo, fue erosionado en dos sentidos: A) Perdió poder y atributos al transferirlos a diversas entidades supranacionales, el FMI, por ejemplo y, B) Perdió absolutamente el monopolio de la fuerza y de sus privilegios históricos, dentro del marco de sus fronteras, como lo muestran el auge de los servicios privados de seguridad y mensajería Courier que compiten con los servicios postales del país, que hasta el momento eran controlados en todas partes por el Ministerio de Interior y Policía.

Estos cambios no hicieron al estado-nación innecesario ni eficaz. En algunos aspectos su capacidad de supervisar y controlar los asuntos de sus ciudadanos se vio reforzada por la tecnología, ya que prácticamente todas las transacciones financieras y administrativas, exceptuando los pagos en efectivo, por ejemplo, quedaban registradas en la memoria de algún computador; y todas las comunicaciones, excepto las conversaciones personales, cara a cara, en espacios abiertos, podían ser intervenidas y grabadas.

Sin embargo, la situación política de la nación había cambiado. Desde 1962 hasta la segunda mitad de 2010, el estado-nación había extendido su alcance, sus poderes y funciones casi ininterrumpidamente.

Este era el fin del aspecto esencial de la segunda fase del proceso de globalización neoliberal. Tanto si los gobiernos del PRD o del PLD eran liberales o no, como conservadores, socialdemócratas, o marxistas o no, en el apogeo del mercado, los parámetros de la vida de la institucionalidad democrática de los partidos políticos tradicionales estaban determinados casi exclusivamente por las acciones o inacciones del gran capital.

Incluso el impacto de fuerzas globales y su fenomenología, sus depresiones cíclicas, por ejemplo, llegaban a las clases medias y a los trabajadores filtradas por el centrismo ideológico, la política y las relaciones públicas de las instituciones del estado.

En el Siglo XXI, el estado estaba a la defensiva contra una economía mundial que no podría controlar; contra las instituciones burocráticas que creó para remediar su propia debilidad constitucional; contra su aparente incapacidad financiera para mantener los servicios públicos; contra su incapacidad real para mantener la que, según su propio criterio, era su función principal: la conservación de la ley y el orden público.

El propio hecho de que durante la época de CORDE, por ejemplo, el estado asumiese y centralizase tantas funciones, y se fijase unas metas tan ambiciosas en materia energética y de seguridad ciudadana, hacía su incapacidad para sostenerlas doblemente dolorosa.

Y, sin embargo, el estado, o cualquier otra forma de autoridad pública que representase el interés público, resultaba ahora más indispensable que nunca, si habían de remediarse las injusticias sociales y ambientales causadas por el capitalismo neo liberal o incluso, como demostró la reforma constitucional de 2010: "… Si el estado no realiza cierta asignación y redistribución de la renta nacional el resultado seria catastrófico…" La otra opción sería recrear el tipo de consenso que permite a las autoridades electas mantener una libertad de acción, al menos mientras el 40% de "abstencionistas" no tengan demasiados motivos de descontento. Semejante modelo electoral puede llegar al poder constitucional o inconstitucionalmente pero, si es ratificado por una elección razonablemente honesta, con la posibilidad de elegir candidatos rivales y algún margen para la oposición, satisface los criterios de legitimidad democrática de las tribus políticas.

La distribución social y no el crecimiento es lo que dominará las políticas del nuevo milenio. Para detener la inminente crisis social, política, económica y ambiental de la isla es imprescindible que el gran capital corporativo no se ocupe de asignar los recursos o, al menos que las élites de los partidos tradicionales limiten tajantemente las asignaciones del mercado. De una manera o de otra, el destino de la democracia representativa dependerá de la restauración de las autoridades públicas.

Esto nos plantea un doble problema: ¿Cuál sera la naturaleza y las competencias de las autoridades electas que tomen las decisiones supranacionales, sub nacionales y globales, solas o conjuntamente? ¿Cuál será su relación con los electores a que estas decisiones se refieren? Es casi seguro que el centrismo presidencialista irá perdiendo terreno, puesto que cada vez más y más organismos de los poderes del Estado de toma de decisiones se van sustrayendo del control electoral, del presidencialismo, excepto en el sentido indirecto de que los gobiernos que nombran estos organismos fueron elegidos en algún momento.

En resumen, tanto si la ciudadania tenía derecho a elegir su gobierno como si no, sus intervenciones, activos y pasivos, en los asuntos públicos, fueron decisivos. Si, como es probable, el sufragio universal sigue siendo la regla general, parecen existir opciones político ideológicas alternas.

En los casos donde la toma de decisiones sigue siendo competencia política de una reducida minoría la ciudadania soslayará cada vez más el proceso electoral, o mejor dicho, del verticalismo de derechas, del control constante del gobierno inseparable de él. Pero, sin embargo, no ofrece ninguna perspectiva alentadora para el futuro de la democracia parlamentaria de tipo liberal.

No sabemos adónde vamos, sino tan sólo que la historia nos ha llevado hasta este momento crucial y, si los lectores comparten el planteamiento de esta tesis, porque. Sin embargo, una cosa está clara: si los partidos políticos tradicionales han de tener un futuro, no será prolongando las crisis del pasado y del presente. Si las élites de los partidos políticos tradicionales intentan construir el tercer milenio sobre estas bases, fracasaremos.

Y el precio del fracaso, esto es, la alternativa a una sociedad sin rumbo, es la oscuridad.

Rara vez se ha dado un ejemplo más claro de cómo las fuerzas sociales de clases medias descritas por Bosch en "Composición Social Dominicana", entran en conflicto con la superestructura oligárquica de los partidos políticos tradicionales, en el contexto institucional e ideológico, que había transformado la atrasada economía agraria del Siglo 19 en una economía de servicios en el Siglo 20, hasta el punto de convertirse en fuerzas sociales de clases medias en transición hacia la democracia.

El primer resultado de la era del neoliberalismo así iniciada a finales del Siglo 20 fue la desintegración del sistema institucional de partidos políticos, pero ¿Qué lo podía reemplazar? Aquí no podemos seguir el optimismo del neo trujillismo del Siglo 20, que sostenía que "...El derrocamiento de Bosch debía llevar a un gobierno mejor porque la democracia representativa se plantea los problemas que puede resolver..." Los problemas sociopolíticos y económicos que los dominicanos del Siglo 21 que se habían planteado en 1907, la Convención dominico-americana, por ejemplo, no eran solubles en las circunstancias de 2003, o sólo lo eran de manera muy parcial.

Y hoy en día requeriría un alto grado de confianza sostener que vemos en un futuro previsible alguna solución institucional para los problemas surgidos del colapso de la democracia representativa, o que cualquier solución a la crisis post electoral que pueda surgir en la próxima elección presidencial al 2020 afectará al sistema democrático como una mejora. Con el colapso del PRSC, el experimento de la derecha corporativa, 1966 - 1978; 1986-1995, por ejemplo, llegó a su fin.

Porque, incluso donde los gobiernos nacionales sobrevivieron y alcanzaron éxito, como entre 1996-2000; 2004-2008 y 2008-2012, por ejemplo. Se abandonó la idea original de una economía única, centralizada y planificada, basada en un estado totalmente colectivizado o en una economía de propiedad privada totalmente cooperativa y sin mercado. ¿Volverá a afianzarse el experimento del bipartidismo de derechas? Está claro que no, por lo menos en la forma en que se desarrolló en la era de los doce años y probablemente en ninguna forma, salvo en situaciones tales como una democracia de partido único o en otras emergencias análogas. Esto se debe a que el experimento neoliberal en el país se diseñó en Washington, no como una alternativa global a la democracia politica , sino como un conjunto específico de respuestas a la situación concreta de República Dominicana, un país muy atrasado en una coyuntura histórica particular e irrepetible.

El fracaso de la revolución constitucionalista dejó sólo a los partidos políticos emergentes con su compromiso de construir la democracia en un país donde, según el consenso universal e Bosch y los marxistas en 1973, incluyendo a los liberales del PRD, las condiciones para hacerlo no existían en absoluto.

El intento en 1966 hizo posibles, con todo, logros tan notables, entre ellos, la capacidad de Balaguer y los EEUU para derrotar a las izquierdas revolucionarias en 1972-1973, aunque con un costo social y humano intolerable, sin contar el coste de lo que, al final, demostró ser una economía sin salida y un sistema político que no tenía respuestas para ella. ¿No había predicho acaso Bosch, que la revolución constitucionalista de abril, llevaría en el mejor de los casos a "una dictadura con apoyo popular"?. La democracia centrista que surgió bajo la protección de los EEUU, sufrió las mismas desventajas, aunque en mayor medida y, un nuevo resurgimiento de este modelo de democracia no es posible en el Siglo 21, deseable ni, aún suponiendo que las condiciones le fueran favorables al PLD, necesarias. Una cuestión distinta es en qué medida el fracaso electoral del PRD, por ejemplo, pone en duda el proyecto de la democracia representativa tradicional: un sistema político económico basado, en esencia, en la propiedad privada y en la gestión planificada de los medios de producción, desigual distribución e intercambio.

Que un proyecto democrático así es, en teoría, política y económicamente racional, es algo que las clases medias y los trabajadores no aceptaban ya. Aunque, curiosamente, la teoría correspondiente no fue desarrollada por economistas y políticos liberales, sino por otros que no lo son. Que este sistema iba a tener pronto inconvenientes constitucionales prácticos, aunque sólo fuese por su burocratización, era obvio, que no iba a funcionar, al menos para las minorías dominantes, de acuerdo con sus leyes y su constitución, tanto asi como las leyes de los monopolios del mercado, como una institucionalidad realista, también estaba claro que sin gobernabilidad había que tomar en consideración los deseos de los opositores y no limitarse a decirles que: "..El poder no se desafía"..

De hecho, las minorías dominantes y los observadores menos apasionados que reflexionaban sobre estas cuestiones, cuando tales cosas se discutían con toda naturalidad, proponían la combinación de planificación, preferiblemente diálogo, concertación y estabilidad. Naturalmente, demostrar la viabilidad de este sistema político-económico no supone demostrar su superioridad frente a, digamos, una versión socialmente más justa de la democracia, ni mucho menos que las clases medias y los trabajadores hayan de preferirla. Se trata de una simple forma de separar la cuestión del fraude de la representatividad en general, de la experiencia específica de una participación realmente existente.

El fracaso de la institucionalidad democrática de las elites de los partidos políticos tradicionales no empaña la posibilidad de otros tipos de democracia. De hecho, la misma incapacidad de una economía de servicios centralizada, que se encontraba en un callejón sin salida, para transformarse en una democracia social de mercado, tal como se deseaba hacer, demuestra el abismo existente entre los dos tipos de desarrollo. La tragedia del sistema de partidos políticos tradicionales estriba precisamente en que la democracia representativa, 1962-2010, sólo pudo dar lugar a este tipo de bipartidismo, rudo, brutal y dominante. Uno de los políticos más inteligentes de los años de post revolución,

José F. Peña Gómez, antes de marcharse, volvió de su reposo espiritual para unir al PRD, y acabo trasladándose a un hospital para morir. Desde su lecho de muerte hablaba con los amigos y admiradores que iban a visitarle, entre los cuales se encontraba Juan Bosch.

Esto es, según recuerdo lo que dijo: "…Profesor, si yo hubiera optado por ser un revolucionario, hubiese sido un gradualista democratico…" si hubiese tenido que asesorar la institucionalización del PRD habría recomendado unos objetivos sociales y políticos más flexibles y limitados, como, de hecho, hicieron los planificadores liberales más capaces…" Y, sin embargo, cuando miro hacia atrás, me pregunto una y otra vez: ¿Existía una alternativa política al indiscriminado, brutal y planificado empuje de la derecha corporativa, los norteamericanos y del Dr. Balaguer? Las dualidades ideológicas que habían preocupado a Bosch y a Balaguer durante el primer cuarto de siglo fueron eliminados por el capitalismo neoliberal o más bien soslayadas gracias a un brillante golpe dado por las matemáticas: La construcción de una compleja e indescifrable mecánica electoral que se desarrolló casi simultáneamente en varias provincias y municipalidades.

La realidad social y política que había en el país no era una "alteración" o una "nulidad" de los votos depositados en las urnas, según el economista Andrés Dauhajre hijo, sino estados recurrentes de caos institucional que se podían manifestar en cualquiera de estas dos formas, o en ambas. Era inútil considerarlo como un fenómeno histórico continuo o discontinuo, porque nunca se podrá seguir, paso a paso, la senda de la voluntad popular en países en vías de desarrollo. Más allá de estos puntos de vista , se aplican otros conceptos que dan lugar a resultados electorales específicos producidos por el sistema de partidos políticos cerrados, mantenidos dentro del reducido espacio de las élites, del falso voto preferencial, de las reservas sin equilibrios que, como demostró la Junta Central Electoral, se podían calcular del mismo modo que podían calcularse los votos que corresponde a cada uno.

El sistema electoral dominicano tenía un poder predictivo y explicativo muy notable. La democracia representativa explica también por qué los votos nulos en las boletas A y B, por ejemplo, y las combinaciones de alianzas posteriores basadas en ellas, permanecen estables, o más bien, que la estrategia política suplementaria sería necesaria para cambiar los resultados de las encuestas.

En realidad, se ha dicho que: "…El hecho de que en cada elecciones, ya sean congresionales o municipales, broten las mismas denuncias de "fraudes colosales", por ejemplo, se basa en la propia estabilidad de los modelos politicos coloniales en transición, de los diferentes núcleos sociales que la conforman…" Y sin embargo, eso no era fácil de aceptar por el Ing. Miguel Vargas Maldonado, ni siquiera para aquellos estrategas de campaña que habían olvidado ya la opinión de Bosch de que no podía considerarse buena una democracia que no pudiese explicársele a un exitoso hombre de negocios sin formación política.

El peso económico del mundo se estaba desplazando desde Estados Unidos a las economías europea y asiática, que Washington tenía la convicción de haber rescatado y reconstruido. Los dólares, tan escasos en Santo Domingo hasta la fundación del Banco de Reservas en 1947, habían ido saliendo de República Dominicana de forma acelerada, sobre todo a partir de los años setenta, por la afición del capitalismo norteamericano a financiar el déficit provocado por los enormes gastos en armamento, especialmente la guerra de Vietnam, después de abril 1965, así como a subsidiar economías tercermundistas de programas de bienestar social poco ambiciosos.

El dólar, pieza fundamental de la economía dominicana, tal como lo habían garantizado la Convención domínico-americana, primero, en 1907, los marines norteamericanos, después, en Santo Domingo, entre 1916-1924, por ejemplo, se debilitó. Respaldados en teoría por el oro, economía que había llegado a poseer tres cuartas partes de las reservas mundiales. En la práctica, la reserva federal de los EEUU se trataba cada vez más de un chorro de papel moneda sin soporte económico, es decir, inorgánicos de contabilidad; pero como la estabilidad del dólar garantizaba la sostenibilidad del peso, según el Banco Central, los precavidos economistas del FMI, encabezados por los super precavidos del Banco Interamericano de Desarrollo, preferían cambiar papel potencialmente de bonos de la República devaluados por impuestos macizos. Así pues, la deuda externa se multiplicó ente 2000 - 2010, y sus consecuencias posteriores amentaron con las desigualdades, al tiempo que lo hacía el crecimiento.

Durante la mayor parte de 1990, la estabilidad del peso respecto al dólar, y con ella la del sistema internacional de pagos, ya no se basó más en las reservas del Banco Central, sino en la disposición de los Bancos Centrales Norteamericanos y Europeos, presionados por el gobierno de los Estados Unidos, a no cambiar sus dólares por pesos, euros o yenes, y a unirse a un bloque de países "donantes" de Haití o cumbres mundiales. En 1965, EEUU agotó sus recursos estratégicos, su economía doméstica se disolvió, con lo que, de hecho, se puso fin a la segunda fase de adhesión capitalista en cien años, 19072007, a la convertibilidad del dólar, formalmente abandonada en 1971 con Nixon, y con ella, la estabilidad del sistema internacional de pagos, cuyo dominio por parte de los prestamistas del Fondo Monetario o de cualquier otro casino, tocó a su fin.

Cuando acabó la dictadura de Augusto Pinochet en Chile, la hegemonía económica norteamericana había quedado tan mermada que ni siquiera podía financiar su propia hegemonía militar. La guerra del Golfo de 1991 contra Irak, por ejemplo, una operación militar esencialmente de la inteligencia norteamericana, la pagaron, con ganas o sin ellas, la clases medias latinoamericanas o terceros países que apoyaban a Washington y fue una de las escasas guerras económicas en la que EEUU y sus aliados del G-7 sacaron pingües beneficios. Por suerte para los infelices iraquíes, según Busch hijo: "...Todo terminará en cuestión de días..." a mediados de los años ochenta la economía norteamericana entró en lo que se ha denominado la Era perdida. Más adelante, durante la época de bonanza de las privatizaciones, ya se había profetizado una grave crisis socio económica posterior "...esperando..." así lo creía o afirmaba su portavoz, Antonio Isa Conde, por ejemplo: "...Desencadenaría una nueva década de prosperidad económica...". En realidad, sus consecuencias fueron justamente las contrarias. Sin embargo, lo que nadie esperaba era la extraordinaria generalidad y profundidad de la crisis post revolución que se inició, como saben incluso los neoliberales no historiadores del status quo existente, con el derrumbe de la Bolsa de Nueva York el 29 de octubre del ano de 1929.

Las privatizaciones constituyen un acontecimiento negativo de extraordinaria magnitud para las finanzas públicas nacionales, que supuso poco menos que el colapso de la economía capitalista dominicana, que parecía atrapada en un círculo vicioso, donde cada descenso de los índices económicos, exceptuando los falsos datos del desempleo, que alcanzó cifras astronómicas, reforzaba la baja en el crecimiento de todos los demás renglones del PIB. Como señalaron los economistas del Banco Central, aunque nadie los tomó muy en cuenta, la dramática recesión de la economía dominicana no tardó en golpear los bolsillos del gran núcleo de clases medias urbanizadas. La gran compañía de sector eléctrico, CDEEE, perdió dos tercios de sus ventas entre 1990-2000 y sus ingresos netos descendieron el 50 por ciento en una década. Se produjo una crisis en la producción de artículos de primera necesidad, tanto alimentos como materias primas, dado que sus precios, que ya no se protegían acumulando existencias como antes, iniciaran una caída libre, cuando no, se especulaba en grande. Los precios del azúcar y del cacao cayeron en dos tercios y el del oro en bruto en tres cuartos. Eso supuso el hundimiento del comercio exterior que dependía de unos pocos productos primarios. En definitiva, ese fenómeno transformó la depresión en un acontecimiento literalmente mundial.

Las economías de Santo Domingo, Santiago, La Romana y San Francisco de Macorís, extraordinariamente sensibles a las privatizaciones, también resultaron afectadas. La desaparición temporal de la agroindustria conllevó también la del 50 x 100 del arroz que se enviaba a la mesa de los capitaleños. Simultáneamente, el precio del arroz de derrumbó y afectó a los grandes arroceros del Sur y del Nordeste de la isla. Como el precio del trigo se hundió en el mercado internacional, más espectacularmente que el del arroz, se dice que en ese momento muchos dominicanos sustituyeron este último producto por el plátano. Sin embargo, el "boom" del pan de "agua" y el de los vegetales de ciclo corto, si es que lo hubo, empeoró la situación de los agricultores en los países importadores de arroz como

Haití. Los campesinos intentaron compensar el descenso de los precios aumentando sus cultivos y sus ventas, subsidiados por el Ministerio de Agricultura, y eso tradujo en una caída adicional de los precios.

Esa situación llevó a la ruina a los agricultores que dependían del mercado especulativo, especialmente del mercado de permisos de importación, salvo en los casos en que pudieron volver a refugiarse en un "conuquismo" de subsistencia, último reducto tradicional del campesinado. Irónicamente, eso era posible en una gran parte de las cooperativas del sub mundo capitalista desarrollado, y el hecho de que la mayoría de la población de la Capital y Santiago y de la "línea" fuera todavía campesina le permitió al estado dar vueltas a la situación. INESPRE, por ejemplo, se convirtió en la ilustración perfecta del despilfarro del capitalismo y de la profundidad de la crisis de las privatizaciones, con sus burócratas que intentaban desesperadamente impedir el hundimiento de los precios quemando el arroz en lugar del carbón en las haciendas arroceras. De todas maneras, para los capitaleños que aún vivían del campo en su inmensa mayoría, las privatizaciones de los años noventa fue mucho más llevadera que los cataclismos financieros de los años ochenta, sobre todo porque en aquella crisis las expectativas económicas de la población pobre eran todavía muy modestas.

Sin embargo, los efectos de la crisis capitalista se dejaron sentir incluso en las provincias agrarias. Así parece indicarlo el descenso en torno a los dos tercios de las importaciones de azúcar, harina, pescados en conserva y arroz, donde el mercado del cacao se había hundido completamente, por no mencionar el recorte de las importaciones de carne en un 90 x 100. Para quienes, por definición, no poseían control o acceso a los medios de producción – pienso ahora en los vendedores ambulantes de la

Lincoln con 27- , es decir, para los hombres y mujeres que trabajaban a cambio de una recompensa, la principal consecuencia de la depresión capitalista y del consumo, fue el desempleo en una escala inimaginada y sin precedentes, y por mucho más tiempo del que Temístocles Montás y su tribu de analistas pudiera haber previsto. En los momentos peores de la crisis, los índices de paro se situaron entre el 22 y el 30 por 100, a ojo de buen cubero.

Además, la recuperación que se inició a partir de 1986 no permitió reducir la tasa media de desempleo de los años setenta. Nadie podía recordar un estancamiento económico de tal magnitud en la vida de los trabajadores. Lo que hizo más dramática la situación fue que el sistema público de seguridad social, incluido el subsidio de desempleo, no existían, en el caso de la República Dominicana, o eran extraordinariamente insuficientes, según nuestros criterios actuales, sobre todo para los desempleados del IDSS en períodos largos. Esa es la razón por la que la seguridad ha sido siempre una preocupación fundamental de los trabajadores: protección contra las temidas incertidumbres socio políticas de desempleo, es decir, los salarios, la enfermedad o los accidentes y contra la mortal incertidumbre de una vejez sin ingreso.

Eso explica también que las clases medias bajas y los trabajadores soñaran con ver a sus hijos ocupando un puesto de trabajo de segunda o tercera categoría modestamente pagado pero seguro y que le diera derecho a una jubilación y, por supuesto, el acceso a una "caja de muertos" en Savica. Aquellos que se habían acostumbrado a trabajar en el estado o a atravesar períodos de desempleo cíclico, comenzaron a sentirse desesperados cuando, una vez hubieron gastado sus pequeños ahorros y agotado el crédito en los mercados populares de alimentos, veían imposible encontrar un trabajo. De ahí el impacto traumático que tuvo la política de privatizaciones del modelo económico de las élites de los partidos políticos tradicionales en su conjunto: El desempleo generalizado, consecuencia primera y principal de la depresión económica para el grueso de la población. Poco les podía importar que las clases medias y los trabajadores, los historiadores de la economía dominicana y la lógica puedan demostrar que la mayor parte de la mano de obra que estuvo empleada, incluso durante los peores momentos de CORDE, por ejemplo, había empeorado notablemente su posición, dado que los precios aumentaron durante todo el período de privatizaciones y que durante los años más duros de la devaluación sistémica del peso los precios de los alimentos cayeron más rápidamente que los restantes productos.

La imagen dominante en la época pos revolución era la de los comedores económicos de beneficencia, de escasez y la de los pedigüeños que desde las zonas francas y las haciendas ganaderas convergían hacia la capital de Santo Domingo o Santiago de los Caballeros para denunciar a los que creían responsables de la situación. Por su parte, la élite empresarial y las políticas tradicionales eran conscientes de que el 50 x 100 de los afiliados a la seguridad social eran desempleados. No puede sorprender que el desempleo fuera considerado como una herida profunda en la democracia representativa pos revolución, que podía llegar a ser mortal, en el cuerpo político. "…Después de las privatizaciones…." – escribió un editorialista en el periódico vespertino "El Nacional de Ahora" durante la era del crecimiento económico y la estabilidad…": "…el desempleo ha sido la enfermedad más extensa, insidiosa y destructiva de nuestra democracia, es la enfermedad social de los parámetros del crecimiento macroeconómico…" Nunca hasta entonces, la historia de la economía dominicana desde la convención Domínico-Americana,

1907 hasta la firma de adhesión, "A la pura y simple", 2007, DR-CAFTA, por ejemplo, habían podido escribirse esas palabras, que explican la política de pos guerra de los gobiernos dominicanos mejor que cualquier investigación de archivo. Pero, ¿Cómo acabaría todo? ¿Sería posible salir de este círculo vicioso? En la próxima entrega se analizarán las consecuencias políticas inmediatas del fenómeno neoliberal, el episodio más traumático en la historia del capitalismo de los últimos 100 años, pero es necesario que también otros puedan referirse al tema sin demora a su más importante consecuencia a largo plazo: Cambio.

Cuarenta y ocho años de golpes de estado, 1962- 1963, de conflictos sociales y políticos, 1966-1978; de miedos y de recelos, 1978- 1986; de afilar cuchillo para sus propias gargantas, 1990-1994; por ejemplo, no podían borrarse, así como así. Los engranajes de la maquinaria electoral de las elites de los partidos políticos tradicionales continuaban girando alrededor del gran capital especulativo, en todas las circunscripciones. Las élites del status que siguieron sospechando que cualquier movimiento opositor no era más que un astuto recurso de las minorías sindicalizadas desplazadas para hacer bajar la guardia al gobierno y derrotarlo mejor.

El hundimiento de la institucionalidad democrática, 1966-1978, la desintegración continua del PRD, 2000-2004 y la disolución del estado de derecho hizo imposible pretender que nada había cambiado y, menos aún, creerlo. Pero, si algo había cambiado, ¿Qué era realmente lo que había cambiado? La guerra civil, 1963-1965, había transformado el panorama político en tres sentidos. En primer lugar, había eclipsado totalmente las rivalidades político-ideológicas y congelado los conflictos socio-económicos.

Algunos partidos tradicionales, el PRSC, por ejemplo, desaparecieron porque las grandes corporaciones de la época pos revolución se desvanecieron para dar paso a otras, y con ellas sus rivalidades sobre las dependencias satelitales que gobernaban. Otros grupos empresariales como el PRD acabaron porque los grupos de élite de los partidos políticos tradicionales, excepto los que habían quedado relegados a la segunda o tercera división de la política nacional, el PQDC de Elías Wessin y Wessin, por ejemplo, y las relaciones entre ellas ya no eran autónomas ni, en realidad, mucho más que de interés coyuntural.

El PRSC de Joaquín Balaguer y el PLD de Juan Bosch enterraron sus diferencias después de 1995, por el hecho de Jose Francisco Pena Gomez formar parte del mismo bando liderado por los intereses politicos de los norteamericanos y la hegemonía capitalista de Washington sobre la Unión Europea no permitía que la sostenibilidad interna del peso respecto al dólar se descontrolara. Aún así, es asombrosa la rapidez con que se perdió de vista la principal preocupación de los organismos internacionales al acabar el ciclo de una era neo liberal, a saber, la inquietud del PLD y sus bases de sustentación social y política acerca de los planes de recuperación de la economía política y de los proyecto asociales y anti sociales del FMI para cobrar las deudas históricas acumuladas y compensar las derrotas sociales. En segundo lugar, el hundimiento económico de las fuerzas sociales de clases medias se debió al franco estancamiento de la producción nacional, más que a un error de planificación demográfica.

Las viejas industrias de CORDE entraron en decadencia, y su productividad anterior, tras las privatizaciones, cuando simbolizaban la religión oficial del estado en su conjunto, hizo que su decadencia fuese más evidente. Los mineros de la "Rosario Dominicana" que en los años ochenta se contaban por cientos, acabaron siendo más escasos que los licenciados universitarios de la UASD. La industria siderúrgica canadiense, la "Falconbridge", empleaba ahora a menos gente que las hamburguesas Mc Donalds. Cuando no desaparecieron, las transnacionales corporativas se iban de los viejos países satelitales a otros paraísos fiscales, en el gran caribe tercermundista, America Central, Panama, Islas Caiman o alli donde el discurso de la competitividad existiera.

La industrial textil, de la confección y del calzado, es decir, los "zonas franqueros," emigró en masa hacia América Central. La cantidad de empleados en la industria textil y de la confección de pantalones "jeans", por ejemplo, se redujo a menos de la mitad entre 2000 y 2008.

Mientras desaparecían las últimas reservas naturales estratégicas, las autoridades públicas – pienso ahora en la Barrick Gold - de Medio Ambiente bajaban a las minas abandonadas para mostrar a la opinión pública lo que antes habían hecho las multinacionales en la eterna explotación de la oscuridad capitalista.

Las antiguas zonas azucareras del Este dominadas por la Gulf and Western se convirtieron en cinturones de miseria, una especie de museo experimental del Neoliberalismo de los EEUU, que los empresarios agrupados en el CONEP o la Zona Industrial de Herrera, explotaban, con cierto éxito, en todos los sentidos.

El turismo todo incluido y barato sustituyó a las antiguas industrias, aunque no eran las mismas industrias, a menudo no estaban en los mismos lugares, y lo más probable era que la Asociación de Hoteleros y de Propietarios de Restaurantes estuviese organizada de modo diferente.

El periodismo rosado de los años noventa, que hablaba en las revistas "En Sociedad" y en "Ritmo Social" del Listin Diario lo sugiere. Las grandes fábricas de producción se encontraban muchas veces en ciudades o regiones marginales de la Provincia Santo Domingo, dominadas por varias industrias, unidas marginales por la segregación residencial y por el lugar de trabajo, en una sociedad multicéfala: todos los barrios de Herrera, los Alcarrizos, Pantojas y Haina si vale, carecían de las características sociales de la modernidad. Era una imagen poco realista del crecimiento económico, pero representaba algo más que una verdad política simbólica.

En los lugares donde las viejas estructuras industriales florecieron, como en los países de industrialización reciente del tercer mundo o las economías capitalistas industriales, frenadas por el neoliberalismo, las semejanzas con economías dependientes del FMI habla por sí misma, en lo que hoy es lo que ahora es la ruina del Ingenio Río Haina.

Desde luego, al final de la era de las privatizaciones, y de forma harto visible en los años noventa, las clases medias, y los trabajadores, acabaron siendo víctimas de los nuevos monopolios y nuevas brechas tecnologías, especialmente los hombres y mujeres no calificados, o sólo a medias, de las cadenas de montaje, fácilmente sustituibles por máquinas automáticas. Con el paso de las décadas, la gran expansión de la economía de servicios, de los años ochenta y noventa, dio paso a una etapa de problemas económicos y en el nuevo milenio, la producción nacional, por ejemplo, dejó de expandirse al ritmo acelerado de antes.

La fuga de capitales era evidente. Las crisis financieras de principios de los años ochenta volvieron a generar paro masivo por primera vez en los veinte años subsiguientes al fraude Baninter, por lo menos en algunos gobiernos mal aconsejados, como el del Ing. Hipólito Mejía Domínguez, la crisis financiera desencadenó, por ejemplo, una verdadera quiebra institucional. República Dominicana, en el Siglo 21, entre 2000- 2004, destruyó 1,000,000 de empleos indirectos.

Entre 2002 y 2004, por ejemplo, la cifra total de desempleados potenciales se disparó, cerca de la cual no ha logrado recuperarse en torno de la población activa civil del conjunto de la economía de servicios desarrolladas, en donde a estas alturas se encontraba muy por encima del 20 por 100.

En primer lugar, las fuerzas sociales de clases medias, salvo en casos excepcionales, siempre habían sido una minoría de la población activa. En segundo lugar, la crisis de la clase trabajadora y de sus movimientos sociales, sobre todo en la vieja clase proletaria, fue evidente mucho antes de que se produjesen indicios serios de decadencia entre las izquierdas populistas.

En tercer lugar, esta , la del Siglo XXI, no fue una crisis de clase, sino de conciencia. A finales del Siglo XX, las vario pintas y nada más homogéneas poblaciones de Navarrete, Licey al medio y Nagua, por ejemplo, que se ganaban la vida vendiendo su trabajo manual a cambio de un bajo salario aprendieron a verse como una clase trabajadora única, y a considerar este hecho como el más importante de su existencia, con mucho de su situación como seres humanos excluidos, dentro de una sociedad que se llamaba democrática.

O por lo menos llegó a esta conclusión un número suficiente de profesionales liberales de clases medias como para convertir a las élites de los partidos políticos tradicionales y personalidades independientes y sus movimientos externos, que apelaban a ellos esencialmente en épocas electorales, en su calidad de asalariados, como así indicaban sus nombres, en tendencias empresariales representativas de los diferentes grupos sociales en pugna. De hecho, la economía de bienes de consumo no perecederos para las masas había colapsado en todas partes en el período de globalización neoliberal.

Los hijos de los funcionarios públicos, por ejemplo, no esperaban ir a los liceos públicos y, rara vez iban a los hospitales públicos de emergencias del sistema de seguridad social. Casi nunca se matriculaban en la universidad del estado. Un economista de derechas, Fernando Álvarez Bogaert, enviado al CEA durante los doce años del Dr. Balaguer regreso boquiabierto: "… Os dáis cuenta, habría contado a sus colegas décadas después" "…Los camaradas capitalistas de EEUU y sus aliados satélites de la periferia del Gran Caribe estaban quebrando…"

La crisis global del capitalismo neoliberal había congelado la situación nacional en los anos de pos guerra, y al hacerlo, había estabilizado lo que era un estado de cosa provisional y por fijar.

El congreso actual era el caso más visible: durante cuarenta y ocho años permaneció dividido De facto, si no, durante largos periodos, de apéndice del Poder Ejecutivo y, más allá de la reelección y el Presidencialismo, se convirtió en parte, en sectores representativos de la crisis de gobernabilidad de las diferentes tribus políticas. La desintegración del PRSC reunificó al PLD, hundió al PRD y dejó los partidos políticos satelitales anexionados al bipartidismo, separados del resto de la sociedad civil por el presupuesto nacional que ahora era independiente de la constitución.

Pero, en el Siglo 21, la estabilización del país no era la paz. Apenas pasó algún año entre 1962 y 1995, por ejemplo, sin que hubiese conflictos sociales graves en alguna parte. No obstante, los conflictos socio políticos estaban contenidos por las fuerzas armadas, o amortiguados por el miedo de los organismos internacionales a que provocasen una insostenibilidad abierta entre las élites.

Las reclamaciones de fraude electoral, históricamente hablando, por ejemplo, eran antiguas y constantes, pero no condujeron al caos institucional, hasta que la Junta Central Electoral dejó de ser un foco de tensión balaguerista y de confrontación automática entre los partidos políticos tradicionales. Después de 1990, es seguro que el "FMI" hubiera desaconsejado firmemente cualquier aventura reeleccionista en la zona. Por supuesto, el desarrollo de la política interna de los partidos políticos no resultó congelada de la misma forma, salvo allí en donde tales cambios alteraran o pareciesen alterar, la lealtad a la institucionalidad dominante respectiva.

En resumen, solo una cosa parecía sólida e irreversible ante tanta incertidumbre: los extraordinarios cambios sociales y políticos, que experimentó la economía fondo monetarista de post guerra, sin precedentes en su magnitud, sus consecuencias en las sociedades urbano-rurales en proceso de urbanización, impactaran en consecuencia. Estos cambios ocuparan, o deberían ocupar, un espacio mucho mayor en las tribunas nacionales, y en los medios electrónicos, en los análisis políticos de radio y televisión, en especial en los artículos y portadas de opinión de los periódicos de circulación nacional. Ahora, dirigimos nuestra atención hacia la construcción de un futuro mejor.

Los orígenes de la deuda externa en América Latina y el Caribe han generado una bibliografía incomparablemente más reducida que las tasas del subdesarrollo, y ello por una razón evidente. Con muy raras excepciones, ningún analista sensato – pienso ahora en los análisis socioeconómicos del PNUD – ha puesto en duda que en el período de pos guerra, el status quo latinoamericano y su élite, el FMI, el Banco Mundial y menos claramente el BID fueron los transgresores.

Las economías latinoamericanas y caribeñas que se vieron arrastradas al endeudamiento fácil- contra las políticas asociales y antisociales de los tres antes citados y la mayor parte de los gobiernos nacionales sucumbieron a las politicas fondomonetaristas o no hicieron cuanto estuvo a su alcance para evitarlo. Si se pregunta quien o que causo la crisis sistémica del capitalismo neoliberal, se puede responder con toda contundencia: EEUU y el G-7. Ahora bien, las respuestas de los gobiernos nacionales de pos-guerra a los interrogantes históricos no son tan sencillas.

Como hemos visto, la situación internacional creada por la deuda externa hispanoamericana era intrínsecamente inestable en los países satelitales de Washington, especialmente en República Dominicana pero también en Centro y Suramérica y, por consiguiente, no se creía que la paz social pudiera ser duradera. La insatisfacción de las clases medias y los trabajadores con el status quo y su élite no la manifestaban sólo los estados fallidos, aunque estos, especialmente Haití. Creían tener motivos sobrados para el resentimiento, como así era.

Todos los partidos tradicionales latinoamericanos y caribeños, desde los comunistas, situados en la extrema izquierda, hasta los neoliberales nacionalistas de Chile, atrincherados en la extrema derecha, coinciden en condenar – al status quo y su elite al G-8, al FMI, por ejemplo, como injusto e inaceptable – Pienso ahora en la socialización de las perdidas de las crisis financieras. Paradójicamente, de haberse producido una revolución social genuinamente latinoamericana, la situación del Hemisferio Occidental no habría sido hoy tan explosiva.

Los grandes estados en los que si se había registrado una revolución, Brasil, Venezuela y Argentina, estaban demasiado preocupados por sus propios asuntos, entre ellos la defensa de sus intereses, entre sus prioridades la defensa de sus fronteras – Pienso en una posible conflagración armada Colombo-Venezolana planificada por el comando Sur del gobierno de los Estados Unidos como para poder desestabilizar la situación internacional.

En los años ochenta ambos países eran factores de inestabilidad y, de hecho, la Venezuela de Carlos Andrés Pérez, permaneció neutral en el conflicto geopolítico de EEUU con Latinoamérica y el Caribe. Sin embargo, también México y Perú, aunque integrados al FMI, se sentían insatisfechos; los mejicanos con más justificación que los peruanos, cuyos anhelos expansionistas superaban en mucho la capacidad económica de su país para satisfacerlos. De todas formas, Perú había obtenido de Washington importantes anexiones comerciales en el TLC e incluso en bonos soberanos, aunque no había conseguido todo cuanto le habían prometido sus aliados del Norte a cambio de su adhesión comercial. Sin embargo, el triunfo del socialismo del Siglo XXI, movimiento revolucionario y, por tanto, integracionista y popular, subrayo la insatisfacción latinoamericana.

En cuanto a Brasil, su considerable fuerza militar y naval lo convertían en la potencia más formidable de la geopolítica Sur-Sur especialmente desde que la Venezuela chavista entrara en escena. Esa condición fue reconocida a nivel internacional por la introducción de Venezuela en el Mercosur estableciéndose naturalmente una proporción de intercambio comercial que puso fin a la supremacía geopolítica de EEUU en la región. Pero sin duda Brasil, cuya industrialización progresaba a marchas forzadas, - aunque la dimensión de su economía seguía siendo modesta – a finales del Siglo XX representaba el éxito de las teorías sociales del crecimiento macro económico, la equidad y el desarrollo humano. Además, los teólogos los fondo monetaristas eran perfectamente conscientes de la vulnerabilidad de sus recetas económicas, que carecían prácticamente de todos los principios sociales necesarios para una economía integral moderna, cuyas políticas de crédito podían verse impedidas por la acción de los monopolios corporativos y cuyas políticas estaban a merced del mercado estadounidense.

La presión social para forjar nuevas democracias en el Hemisferio Occidental-pienso en una sociedad igualitaria con un estado de derecho que conceda garantías constitucionales-acortaría las líneas estratégicas fondo monetaristas con las clases medias y los trabajadores, que de otra forma resultarían totalmente vulnerables. No obstante, por muy saludable que fuera la estabilidad macroeconómica en Santo Domingo y por muy grandes las posibilidades de que fuera quebrantada, es innegable que la causa inmediata del subdesarrollo fue la deuda externa, primero, la agresión militar de las potencias en el conflicto Norte-Sur, segundo, vinculadas a EEUU por diversos tratados desde mediados de 1907. Y en tercer lugar, los episodios que impulsan el camino hacia la expansión capitalista de EEUU en el Caribe fueron la guerra hispanoamericana en 1898 contra España, la invasión norteamericana de Haití en 1914 y 1920; En República Dominicana en 1916 y 1965, la intervención militar en el conflicto Irán-Contras   en Nicaragua en 1979, la mutilación de la independencia de Puerto Rico en las últimos meses del año 2000, el conflicto cubanoestadounidense entre 1959-2009, que desencadeno el estallido de la guerra fría y el clásico proceso imperialista del Siglo XX y principios del Siglo XXI. Se pueden mencionar también otros impulsos de forma negativa: la decisión del Comando Sur de actuar contra el gobierno constitucional de Manuel Zelaya en Honduras;

la decisión del Departamento de Estado de no responder a la denuncia unilateral y, especialmente, a la reocupación militar de Colombia, su negativa a intervenir seriamente en la guerra contra el narcotráfico, en el hemisferio, -especialmente en Méjico – su decisión de no reaccionar ante la ilegal ocupación militar de la MINUSTAH en Haití, su rendición ante el chantaje de la extrema derecha republicana con respecto a las políticas – anti inmigrantes – y la oposición de EEUU al proyecto ALBA y Petrocaribe, - pacto firmado entre Estados y Presidentes Latinoamericanos y Caribeños – con la finalidad de suplir petróleo a las antiguas colonias de la periferia. Sin embargo, si bien es cierto que el FMI no deseaba la desestabilización de la de la sociedad latinoamericana y caribeña aunque hizo todo lo posible por potenciarla, y en el caso del Banco Mundial, la deseaba activamente, ninguno de los casinos agresores, el BID, por ejemplo, la deseaba tal como se produjo y en el momento en que estalló y tampoco deseaban luchar contra algunos de los enemigos con los que tuvieron que enfrentarse.

Venezuela a pesar de la influencia económica en la vida política del país, habría preferido alcanzar sus objetivos – en esencia, la creación de una potencia geopolítica en el Caribe, sin tener que participar en una guerra asimétrica, en la que sólo intervino cuando lo hicieron los EEUU.

El tipo de diplomacia que deseaba EEUU, así como cuando y contra quien, son todavía objeto de controversia, pues Trujillo, por ejemplo, no era un hombre que plasmara sus decisiones en documentos, pero dos cosas estaban claras: Una intervención militar contra Venezuela – a la que apoyaban Colombia y Perú – no entraba en sus previsiones, y la crisis económica en la que Wall Street se vio envuelto, era la pesadilla que atormentaba a todos los economistas del Banco Central. El FMI – y más adelante la US AID – necesita desarrollar una rápida ofensiva de información por las mismas razones que en 1990.

A efectos prácticos, en el Siglo XXI, la crisis socio política en el Caribe apenas había comenzado. Aun si EEUU no podía invadir a Cuba por el doble obstáculo que suponían el mar y el voto hispano, no se veía como la Unión Europea podría retornar al hemisferio, y mucho menos derrotar a EEUU. Mientras tanto, el Banco Mundial estaba estructurando el mapa latinoamericano. De cualquier forma ¿Qué importancia tiene la exactitud estadística para las clases medias y los trabajadores cuando la realidad del subdesarrollo capitalista maneja cifras negativamente astronómicas? ¿Acaso el horror del subdesarrollo capitalista será menor si los historiadores del Banco Central llegaran a la conclusión de que la deuda externa exterminó la posibilidad de 6 millones de personas – estimación aproximadamente original y, casi con toda seguridad exagerada, sino a 7 u 8 o incluso a 9 millones? ¿Es posible captar el significado real de las cifras del Banco Central más allá de la realidad socio cultural que se ofrece a la intuición de la opinión pública liberal? ¿Qué significado tiene para quién lea estas líneas que de los 9 millones de ciudadanos; ¿10 millones? 5 ó 6 viven por debajo de la línea de la pobreza? El único hecho seguro respecto a los efectos colaterales de las políticas fondomonetaristas en economías latinoamericanas y caribeñas es que la brecha social se disparó.

En República Dominicana, todavía en el Siglo XXI, el analfabetismo no había sido erradicado. Una vez terminada la guerra civil de 1965 fue más fácil para EEUU y el FMI la reconstrucción de los edificios que la de las vidas de millones de seres humanos. Si EEUU representa hoy el extremo de las consecuencias económicas del fraude capitalista, hay que situar al resto de las economías del Hemisferio Occidental en una situación intermedia entres esos extremos, pero en conjunto más próxima a la posición del Sur-Sur que a la de los EEUU.

Las pérdidas ocasionadas por la evasión fiscal del 45 por ciento son literalmente incalculables y es imposible incluso realizar estimaciones aproximadas de sus costos socio-culturales pues a diferencia de lo ocurrido en la primera fase de la democracia representativa de entre 1966-2010. La baja en las recaudaciones fiscales fueron tan importantes como las devaluaciones cíclicas del neoliberalismo y las peores crisis políticas y económicas se produjeron en las provincias más vulnerables del sur profundo o en los municipios cabecera del noroeste, en que no había nadie que pudiera registrarlas o que se preocupara de hacerlo.

Según las estimaciones más conservadoras las pérdidas causadas directamente por la evasión fiscal de entre, 1962-1995, fueron de tres a cinco veces superiores a las de la primera década de entre 1996-2006 y supusieron entre el 20 y el 30 por ciento de la recaudación total de estado y entre el 4 y el 6 por 100 de la recaudación fiscal del Distrito Nacional, Santiago y La Romana en su conjunto. Sin embargo, todas esas cifras no son más que especulaciones.

La fuga de capitales, por ejemplo, de entre 1962-2000, se han calculado en diversas ocasiones, incluso oficialmente, en 10, 20 o incluso 30 mil millones de dólares. De cualquier forma, ¿Qué importancia tiene la exactitud de las estadísticas cuando de lo que realmente se trata es de la salud y la educación de la sociedad? ¿Qué importancia tiene para la sociedad civil y la empresa que durante casi medio siglo murieran en los hospitales casi 500,000 niños por falta de atención primaria?

Una vez terminada la guerra fría fue más fácil para los economistas neo liberales interpretar en cifras maquilladas la morbilidad de los seres humanos. –Por no hablar de las pérdidas económicas de los apagones? Los nuevos ricos del CONEP dan por sentado que la doble contabilidad – que involucra a todos los ciudadanos-, la mayor parte de los cuales además son empleados informarles-, que utilizan una estrategia socio cultural de evasión- que exige una modificación del conjunto de la economía para lograr equidad fiscal y que, al mismo tiempo, la microempresa es un caso realmente ingente;- que causan un elevadísimo nivel de inequidad distributiva y que los profesionales liberales dominan y transforman por completo la vida de sus socios participantes. Ahora bien, todos estos fenómenos se dan únicamente en la economía de concentración de capitales del Siglo 20.

-Pienso ahora en los monopolios corporativos- Es cierto que en períodos anteriores hubo crisis socio-políticas terriblemente destructivas e incluso conflictos que anticiparon lo que más tarde sería la recesión total, como en la república pos revolución. -Ahora recuerdo las filas de los 90s para adquirir un galón de gasolina- En República Dominicana las crisis socio políticas seguían siendo el conflicto más perenne de la historia contemporánea del país . Sin embargo, hasta finales del Siglo 20 la fuga de capitales en la que participaba toda la sociedad eran excepcionales. El monstruo del déficit fiscal, 2000-2004, por ejemplo, - o de entre 1978 y 1986- si cabe – no nació con esas proporciones, pero lo cierto es que a partir de 1990 la crisis socio política era de una especulación masiva.

Cabe señalar, de paso, que una devaluación de esas características durante varios años no puede mantenerse excepto en una economía deficitaria moderna con una baja productividad y –o alternativamente – en una economía sustentada por la población no beligerante. - ¿Qué pensarán- en sus mas adentros- los analistas del FMI sobre nuestros niveles de inequidad? En realidad, las economías agrarias tradicionales no pueden movilizar a un porcentaje tan elevado de mano de obra desocupada excepto de manera estacional, al menos en la zona de lluvias, pues hay momentos durante la cosecha agrícola en los que se necesitan todas las manos, - incluso las haitianas- durante la recolección -.

Pero, incluso en las sociedades rurales de Puerto Plata y San Francisco de Macorís, una movilización de esas características conlleva unas enormes necesidades de mano de obra, razón por la cual las evasiones fiscales modernas masivas reforzaron el poder de las multinacionales y los monopolios locales y produjeron una contrarrevolución obreracampesina -en cuanto la incorporación de la reforma agraria – en la fase de la privatización – y, permanente, – después de la segunda firma de adhesión con los norteamericanos: TLC EEUU – República Dominicana. Además las evasiones fiscales de finales del Siglo 20 han sido masivas en el sentido de que los nuevos ricos del CONEP han recibido millardos de pesos en subsidios; han utilizado y quemado cantidades hasta entonces inconcebibles de combustibles exonerados- en el curso de la nueva lucha de clases. No puede extrañar que entre 1964 y 1984 se revolucionaran los procesos sociales.

La fuga de capitales exigía una sobre producción masiva que ya no existía. Pero la producción requería también de organización y gestión, aún cuando su objeto fuera la destrucción racionalizada de las vidas humanas de la manera más eficiente. De todos modos 5 millones de seres humanos -¿Serán 6?- viven por debajo de la línea de pobreza. En términos generales, la desigualdad era la empresa socio económica más rentable que había conocido el hombre light hasta el momento, y además esta debía ser organizada, secuenciada y gestionada por los organismos internacionales de crédito con todo cuidado. Ello planteaba problemas de índole socio cultural, de fácil resolución.-

Las cuestiones empresariales siempre habían sido de la competencia de los gobiernos, desde que entre 1916 y 1924 los norteamericanos se encargaron de las aduanas. De hecho la deuda externa no tardó en presionar al presupuesto nacional y las grandes iniciativas de las empresas privadas, razón por la cual en el Siglo 21 los organismos de crédito internacional suministraban tan frecuentemente conocimientos y capacidad organizativa a los proyectos ferroviarios o a las instalaciones portuarias. Pero - ¿será posible revisar el contrato portuario Sans Soucí – Estado Dominicano, en espacio, inversión y tiempo? ¿Cuantos dólares se quedan en el país y cuantos salen por cada inversión extranjera? Además, prácticamente en todos los países del tercer mundo o no el estado participaba en las empresas de fabricación de materias primas, aunque a finales del Siglo 20 se estableció una rara especie de simbiosis entre los gobiernos y los empresarios, especialmente en los sectores de clase alta como los exportadores y las portuarias, que anticiparon lo que ahora se conoce en la constitución como seguridad jurídica. Sin embargo, el principio básico vigente – en el período transcurrido entre la revolución de 1965 y la segunda fase de la democracia representativa de entre 1978-1998,- en tiempo de "vacas flacas"- era que la economía tenía que seguir funcionando como sea, es decir, consumiendo sin ahorrar, en la medida de lo posible, -endeudándose sin poder pagar- como en los tiempos de la estabilidad macroeconómica, aunque por supuesto, la microempresa tenía que sentir los efectos de la recesión. Para el estado del Siglo 21 el principal problema era de carácter fiscal: como financiar la economía real.

¿Debían financiarse los déficit públicos, mediantes créditos o por medio de impuestos directos y, en cualquier caso, ¿en qué condiciones? Era pues, al Ministerio de Hacienda al que correspondía dirigir una economía de consumo sin competitividad. Durante la crisis global, que se prolongó durante mucho más tiempo del que habían previsto los genios del BID y del FMI y en la que los gobiernos utilizaron mucho más dinero en efectivo y recursos del que se habían imaginado, la economía real continuaba subsidiándose. Y ello imposibilitó el control por parte de los Ministerios de Hacienda, aunque sus funcionarios no veían con buenos ojos la tendencia de los políticos a preocuparse de conseguir el triunfo electoral- a toda costa- sin tener en cuenta los costos financieros.

Estaban en lo cierto. Los gobiernos nacionales utilizaron mucho más recursos que aquéllos de los que disponía, con consecuencias negativas duraderas para su economía. Y es que en la economía moderna, no sólo había que tener en cuenta los costos, sino que era necesario dirigir y planificar la producción y en definitiva toda la economía. Sólo a través de la experiencia lo aprendieron los gobiernos en el curso de la democracia representativa del Siglo XXI. Al comenzar la segunda década del Siglo 21 ya lo sabían, gracias a que sus funcionarios habían estudiado de forma concienzuda las enseñanzas extraídas de la primera. Sin embargo, sólo gradualmente se tomó conciencia del crítico estado de la situación y de que el estado-nación debía controlar totalmente la economía y que la planificación material y la asignación de recursos eran cruciales. Al comenzar la segunda década del Siglo 21, el Gobierno Dominicano 2008-2012 y, en menor medida, los ricos del CONEP, poseían los mecanismos necesarios para controlar la economía. Con estas premisas, no deja de ser una extraña paradoja que en ambos sectores – público y privado – la economía subterránea fuera muy superior a la de las cifras oficiales dadas por el Banco Central, pese a su tradición y sus teorías relativas -en su justo contexto histórico- a la administración burocrática nacional.

Pero, ¿Se aceleró o se retrasó el crecimiento económico? ¿Se revolucionó la tecnología y la producción? ¿Qué sucedía con la tan cacareada competitividad? Si los ricos del CONEP y especialmente el buró económico del gobierno dominicano representan los dos extremos de las consecuencias socio económicas y culturales de la devaluaciones, de las fugas de capitales, de la falta de competitividad, de las evasiones, entonces, hay que situar al resto de la sociedad civil, en una situación intermedia entre ambos extremos, aunque queda por hacer la evaluación del impacto de la concentración de capitales y sus costos en vidas.

En 1929, desde que en Wall Street se tuvo la seguridad de que la especulación financiera de los mercados produciría la caída provisional de gobiernos dictatoriales latinoamericanos aliados a EEUU, hasta la actualidad, la revolución neoliberal del Fondo Monetario Internacional de los Estados Unidos de finales del Siglo 20 y principios de la década del Siglo 21 ha estado envuelta en golpes de estado y diversas polémicas públicas (en los asuntos internos de los pueblos de América Latina y El Caribe) las más de las veces, mitificadoras del crecimiento económico. Lo importante para los dominican@s no es si, - como afirman los economistas fondomonetaristas del sistema – lo que ocurrió entre 1930 y 1978 fue un golpe de estado institucional perpetrado por los intereses geopolíticos de EEUU en la isla. (un país eminentemente anti democrático en su política exterior)

Desde 1907, EEUU no sólo se esforzó en convencer a los elementos más dubitativos de los partidos políticos nacionales de que el poder político y económico podía escapárseles de las manos (1962 – 2010) si no lo tomaban mediante una acción de fuerza planificada durante el breve espacio de tiempo en que la riqueza nacional estuviera a su alcance, 19072007, sino también, y con el mismo interés, de responder a la pregunta: ¿Pueden los nacionalistas dominicanos conservar el poder del estado influenciados por el pensamiento político de los intereses constitucionales de Américo Lugo , en caso de que ordenemos a Trujillo ocupar la capital? En definitiva, ¿Qué podía hacer cualquiera que entre 1907 y 1929 quisiera gobernar la erupción mitológica de la nueva república trujillista? Ningún partido dominicano a 1924, aparte de los nacionalistas burgueses de Américo Lugo, estaba preparado políticamente a 1930 para afrontar esa responsabilidad histórica por sí solo y es necesario establecer que la estrategia política de Rafael Estrella Ureña sugiere que no todos los trujillistas estaban tan decididos como él.

Dada la favorable situación geopolítica para la ocupación militar norteamericana en Santo Domingo, entre 1916 y 1924, Washington sencillamente ocupó la Isla y no les fue fácil decidir si el nuevo gobierno de Trujillo u otro. La ocupación militar estadounidense en la República Dominicana, a 1916, vista desde el Siglo 20, no había hecho en el 2010 sino comenzar. En 1990, EEUU, desesperado, en lugar de dar paso a los elementos más liberales del proceso y su contemporaneidad, volvió la espalda a la democracia y creó las situaciones más difíciles para el país.

Además, entre 1930 y 1978, EEUU raramente se preocupó por los derechos civiles y las libertades públicas. En último extremo, la argumentación histórica del FMI tenía que convencer a EEUU. Si un partido revolucionario tomaba el poder por la vía democrática en 1963 cuando el momento histórico lo exigía y las masas lo exigían, para los norteamericanos y los antiguos socios de Trujillo – a fin de cuentas – que diferenciaba a Juan Bosch de Fidel Castro? Lo más problemático era la perspectiva geopolítica de los intereses de EEUU, a largo plazo, incluso en el supuesto de que una vez ocupada República Dominicana - en 1965- fuera posible legitimizar la ocupación militar y extender el experimento social y político de las dictaduras en todo el hemisferio y así conservar las riquezas nacionales frente a la "anarquía" caudillista y la "revolución".

El programa social y económico de la ocupación militar norteamericana en Santo Domingo (Bruce Calder 1916-1924) de comprometer al nuevo estado (es decir, básicamente al partido único desde 1930)…"En la transformación capitalista de la democracia dominicana (…) suponía apostar por la mutación del Trujillismo histórico en una revolución cultural, o al menos "americanizada". ¿Quién - preguntaba Fidel Castro frecuentemente – podía imaginar que la victoria del socialismo en Cuba (1959) "…pudiera producirse (…) excepto mediante la destrucción total de la burguesía latinoamericana? Entre tanto, la tarea principal del FMI, la única en realidad, era la de mantenerse al lado de los nuevos socios.

El experimento democrático de los EEUU en 1966 apenas hizo otra cosa por la constitución que declarar que: "…El comunismo era su objetivo…", - incluso las FFAA declararon -: "… la necesidad estratégica de controlar al movimiento obrero (…) y de la persecución y eliminación selectiva de líderes estudiantiles y revolucionarios o no, es decir, legitimar la gestión de las empresas sobre los derechos humanos y el respeto por la vida; oficializando lo que desde 1907 (Convención Domínico – Americana) habían ido haciendo los socios históricos de los

EEUU en el país desde que estallara la última revolución de Enrique Blanco (1931), mientras desde las aduanas se urgía a los obreros que mantuvieran la producción.

El nuevo capitalismo norteamericano en el país no tenía otra cosa que decirles. El nuevo régimen social y político pro norteamericano (1916-1978) se mantuvo. Sobrevivió a una dura paz impuesta por Washington y que supuso la pérdida de los derechos constitucionales, así como, - de facto – del control del sistema de Educación y Cultura; (que jamás sería recuperado por el Estado). República Dominicana quedó reducida a un núcleo cercado de provincias y territorios además de los pequeños y clásicos apéndices de pensamiento conservador e intelectualidad insular contemporánea, que apunta a la adhesión. (2007). En los peores momentos de la dictadura militar norteamericana en Santo Domingo (1916-1924), los únicos factores de peso que favorecían al régimen económico y político, mientras se creaba de la nada un ejército al servicio de la defensa de los intereses de los EEUU y Trujillo, eran la incompetencia y división que reinaban entre las fuerzas sociales, su incapacidad para ganar el apoyo del campesinado dominicano y la bien fundada sospecha de las potencias occidentales de que era imposible organizar adecuadamente a …"estas tribus de gavilleros levantiscos para luchar contra los revolucionarios…" La victoria del US Army en Santo Domingo se había consumado a finales del 1907. Así pues, y contra todo lo esperado, el Fondo Monetario Internacional de los EEUU sobrevivió.

El capital norteamericano, a partir de 1965, extendio su poder en el país y lo conservo, no sólo durante más tiempo del que había durado el Imperio Español (1492) -como observo con orgullo el congresista norteamericano Charles Summer entre 1894 y 1900 sino a lo largo de varias décadas de continuas crisis socio-políticas: La conquista de los monopolios corporativos transnacionales del mercado nacional y su producción; Las secuelas y legado de la inmigración, desplazamiento rural-urbano, la intervención armada extranjera, el hambre y el hundimiento económico.

La dura paz que impuso EEUU desde 1916 en República Dominicana consistía en escoger, día a día, entre las decisiones que podían asegurar la "supervivencia" de los dominicanos y los que podían llevar al desastre inmediato. ¿Quién en el Siglo 21, iba a preocuparse de las consecuencias que pudiera tener para la democracia dominicana, a corto y largo plazo, las decisiones que había que tomar en 1907, por ejemplo, cuando de hecho de no adoptarlas supondrían liquidar la constitucionalidad y haría innecesario tener que analizarlas, en el futuro, cualquier posible consecuencia? Unos tras otros se dieron cuenta de lo innecesario que era para pactar con el FMI bajo condiciones de usura y desfavorable a la población y cuando la nueva democracia neoliberal emergió en 2004 de su agonía se descubrió en el Banco Central que la política fondomonetarista conducía en una dirección muy distinta de la que había previsto Juan Bosch en la estación de su exilio dorado en Benidorm, España. Los hechos demostrarían que los políticos contemporáneos dominicanos eran muy optimistas. Eso dio al FMI de los EEUU una ventaja decisiva frente al estado dominicano entre 1966 y 2006.

Las pérdidas ocasionadas por la intervención del estado en el sistema financiero nacional son literalmente incalculables y es imposible, incluso para las futuras generaciones de dominicanos realizar estimaciones aproximadas de los fraudes del sector

privado, pues a diferencia de lo ocurrido entre 1978 y 1986, el
retroceso socio político de entre 1986 y 1995 fue tan importante como las devaluaciones económicas de finales del Siglo 20 y
hay que decir que las peores pérdidas se produjeron en las zonas
rurales o en ciertos sectores vulnerables de la población, en que
no había autoridad pública que pudiera registrarlas o que pudiera preocuparse de hacerlo.

Según las estimaciones mas conservadoras, las pérdidas
causadas directamente por la intervención estatal en el sector
financiero nacional fueron tres a cinco veces superiores a las
de la primera mitad de los años ochenta y supusieron entre
800 mil a 1 millón de dominicanos que se fueron directo a la
pobreza y según cálculos fondomonetaristas regresar al estado
en que se encontraba República Dominicana al ano 2000,
tardara una década más. En Santiago y en San Francisco de
Macorís, el número de sucursales de asociaciones bancarias
y de crédito - en torno a la producción de la economía de la
población- disminuyó. Sin embargo, en mi opinión, todas
estas cifras dadas como buenas y válidas por el Banco Central
de la República Dominicana y por supuesto, todos esos estudios de opinión realizados por los burócratas neo liberales
del FMI, según estimaciones de la Sociedad dominicana de
Psiquiatría no son más que especulaciones. La tasa de suicidios,
por ejemplo, ha sido muy superior desde entonces al de la
primera mitad de la década de 1990, pero en Estados Unidos
fueron más elevadas. Sin embargo, todas esas cifras no son más
que puras especulaciones.

Los analfabetos en Latinoamérica se han calculado en 90
ó 100 millones, en diversas ocasiones, incluso oficialmente se
ha llegado a decir que la economía crece con equidad o incluso hemos escuchado sugerir que avanzamos al desarrollo. De

todos modos, ¿Qué importancia tiene para las clases medias y los trabajadores, desde el punto de vista político, la exactitud de los economistas cuando se manejan cifras deficitarias tan astronómicas?¿Acaso el horror de la crisis financiera de entre 2002 y 2004 sería menor si los historiadores jóvenes del futuro llegaran a la conclusión de que la devaluación exterminó el poder adquisitivo del peso, –estimación aproximadamente original de la realidad a socio económica de la época– y, casi con toda seguridad, exagerada –sino a 50 x 1, incluso en miles de millones de dólares en pérdidas? ¿Es posible captar el significado real de las cifras más allá de la realidad sociocultural de los barrios marginados del país que se ofrece a la intuición? ¿Qué significado tiene para quien lea estas líneas de que los 9.5 millones de habitantes –según el censo– 4 o 5 millones de seres humanos no se incluyen en los cálculos del crecimiento? El único hecho seguro respecto de las elecciones al 2012 es que votaran más mujeres que hombres.

En el país, todavía en 1960, por cada 10 posiciones electivas, específicamente entre los 35 y 50 años, había solamente 1 ó 2 mujeres de la misma edad. Una vez terminada la intervención estatal al sistema financiero nacional le fue más fácil al sistema judicial la reconstrucción de los hechos, más que la vida de miles de dominicanos. La crisis financiera del neo capitalismo dominicano fue tal que el Siglo 21 no nació con proporción alguna de expectativas. Lo cierto es que a partir del ano 2002 todos los conflictos sociales del país los decide el Fondo. La proporción de la población activa total que se enroló en la "chiripa" o el pluriempleo, fue,- en todas partes- del 100 por ciento.

Cabe señalar, de paso, que un desempleo masivo, como el que se registró en el período 2000-2004,- de esas características inflacionarias- durante varios años no podrá mantenerse excepto en una economía industrializada moderna con una elevada productividad y – o alternativamente – en una economía sustentada por la población no beligerante. La economía de mentalidad agraria del Siglo 19 no pudo movilizar la mano de obra local, de manera estacional-, al menos en las zonas templadas montañosas, pues hubo momentos - durante la campaña reeleccionista de Hipólito Mejía Domínguez , en las que se necesitaban todas la manos - durante la recolección - pero incluso, en sociedades desarrolladas, una situación económica similar a la que se produjo entre 2000 y 2004, destruiría el poder de las organizaciones obreras y produciría una inestabilidad social de décadas permanentes.

La crisis social de finales del Siglo 20 fue más masiva que la económica en el sentido psicosocial de la población y en la actividad política significo un profundo retroceso institucional que ha instrumentalizado a su favor un sector importante de la sociedad civil, cuyas consideraciones políticas hasta entonces eran inconcebibles en el curso de la intervención estatal. Por fortuna para el PRD, dada la reducida capacidad de maniobra y el tamaño de la economía dominicana, el PLD triunfó en las elecciones del año 2004, que le permitió incluso superar sus divisiones institucionales, a un alto costo social y económico para la población.

La socialización de la crisis financiera y política del 2003, requería también organización y gestión de supervisión y vigilancia, aún cuando su objeto político fuera la destrucción racionalizada de vidas humanas de la manera técnica más eficiente, como ocurría en las leyes de quiebra dominicanas o quizá, sin exageración, con el atraco a los consumidores respecto de las moras y los cargos por intereses de las tarjetas de crédito de la banca privada. En términos generales, el fraude financiero total era la empresa social y política de mayor envergadura que había conocido el mundo del lavado de activos hasta el momento, y todo el crimen debía ser organizado y gestionado con todo cuidado.

Ello planteaba también problemas electorales nuevos. Las cuestiones electorales siempre habían sido de la competencia de los jueces, desde que en 2002 se encargaran de la gestión de las urnas, los militares, en lugar de contratarlos esporádicamente.

De hecho, la crisis socioeconómica no tardó en convertirse en una compleja actividad criminal de mucho mayor envergadura que las bandas juveniles de los barrios, de los años 90´s, razón por la cual, frecuentemente desde el ala militar se suministraban conocimientos y capacidad organizativa a las grandes iniciativas privadas del gran capital, por ejemplo, los proyectos urbanísticos o las instalaciones portuarias.

Sin embargo, el principio político electoral básico vigente en el imaginario del potencial   joven de hoy era que en tiempo de elecciones la economía tenía que seguir funcionando, en la medida de lo posible, como en tiempos de paz y gobernabilidad, aunque por supuesto algunos empresarios tenían que sentir en el año 2012 los efectos devastadores de la crisis del 2003 el sector de los zonafranqueros, de las prendas de vestir, que debía producir prendas a una escala inconcebible respecto de la estabilidad macroeconómica de hoy. Para el gobierno dominicano 2008-2012 el principal problema era de carácter fiscal: Cómo financiar el déficit. ¿Debía financiarse mediante créditos o por medio de impuestos directos y, en cualquier caso, en qué condiciones? Era, pues, al Ministerio de Hacienda al que correspondía dirigir la economía política.

Y es que en la historia política contemporánea no sólo había que tener en cuenta los costos sociales, sino que era necesario

dirigir y planificar la estabilidad, y en definitiva toda la economía. Sólo a través de la experiencia lo aprendieron los gobiernos
del PRD, en el curso de la primera década del Siglo 21.

92

Capítulo II

Cuando nos preguntamos acerca de la noción de legitimación política de unas elecciones determinadas, entendida esta legitimidad como la verificación de la capacidad institucional para que el proceso electoral se decida mediante un árbitro necesitamos saber si concretamente en el caso de su especificidad histórica la misma se verifica. Resulta ser inevitable hacer un repaso mental de la historia electoral dominicana de posguerra en la materia. Ello se explica en la medida en que la ley electoral es de índole jurisprudencial, sin perjuicio alguno de alguna determinación socio económica o política, o de alguna orden superior, la cual será, a su tiempo y en su turno, objeto de interpretación constitucional. Lo dicho cobra aún más importancia en el específico campo de la legitimación popular, pues hace determinar si quien pone en marcha la maquinaria electoral, realmente lo acredita. Por otro lado, sabemos que la cuestión social de la existencia o no de la legitimación electoral o política adquiere un papel histórico político trascendente cuando el ejercicio del control judicial, especialmente el de la constitucionalidad, se afirma. Para que el ejercicio de dicho control constitucional sea posible, es menester la existencia de algún caso concreto en específico o controversia pública, y para que haya algún caso en específico debe existir un legítimo proceso de ley y que alguna autoridad posea capacidad técnica para obrar procesalmente, para estar en juicio y no perder el juicio. En otras palabras, antes de verificarse la existencia o no de un fraude electoral debe indagarse en la existencia de la legitimación procesal activa. Teniendo en cuenta lo antes dicho, en esta breve reflexión, nos proponemos, en primer lugar, asumir el principio de la legitimación procesal activa, tanto desde el punto de vista de la jurisprudencia dominicana, como desde el punto de vista de los partidos políticos. En ambos casos acudiendo a los precedentes histórico-sociales de los respectivos tribunales. En segundo lugar, en el ámbito de lo político, es imprescindible realizar un ejercicio historicista sobre la importancia de la separación de los poderes en las etapas anterior a 1990 y posterior a la reforma constitucional de 1994 sin olvidar los procesos electorales de entre 1966 y 1978. Finalmente, en mi opinión, cuando estudiemos detenidamente y revisemos las reformas del año 2010 y la del 2012, es seguro que el lector concluirá la lectura de este ensayo volcando las conclusiones socio políticas que crea pertinente. Las elites de los partidos políticos están avocadas a dejarse arbitrar por jueces de la Junta Central Electoral, a permitir un régimen de sanciones, a estimular los derechos fundamentales, a ejercitar el TSE y el TC, que los conflictos sociales posean garantías constitucionales y así la democracia política pueda obtener legitimidad pública.

La economía dominicana de posguerra como todas las distintas formas históricas de producción, se caracteriza por su cultura e instituciones específicas. No obstante, en este marco analítico, la cultura socio -política actual no debería considerarse un conjunto de valores y creencias vinculado estrictamente a una sociedad en particular. Lo que caracteriza el subdesarrollo de la economía dominicana en el contexto global es precisamente su surgimiento respecto de culturales nacionales muy diferentes respecto de Cuba o Costa Rica, por ejemplo. En América Latina, en Ecuador, Argentina, Brasil, México, Bolivia, Nicaragua, Venezuela, Honduras, Colombia, en el Caribe anglosajón y francófono, así como en el alcance migratorio planetario, que afecta todos los países y lleva un marco de referencia multicultural, el cambio social y cultural se ha acelerado. Los intentos de reestructurar las sociedades capitalistas en vías de desarrollo no han resistido el escrutinio de la investigación empírica y la demostración. Donde quiera que se ha levantado una matriz común de consumo y distribución no se descarta la proliferación del déficit y el desempleo. Sin dispositivos organizativos el cambio tecnológico y científico y las políticas estatales derivadas de ellas, sus planificadores no serán capaces de articular un crecimiento de tal magnitud exponencial que genere desarrollo humano tangible. Sostenemos que, junto con un número creciente de analistas, que los movimientos sociales y culturales se manifiestan fundamentalmente mediante su inserción en las instituciones democráticas y de una manera mutualista. Por democracia participativa entendemos las organizaciones vertidas de autoridad constitucional para realizar ciertas tareas ciudadanas. La cultura democrática que interesa para el estudio de la constitución y el desarrollo de un sistema económico dado es la que se materializa en lógicas organizativas, utilizando el concepto de un principio legitimador que se elabora en un conjunto de acciones colectivas, de prácticas sociales individuales. En otras palabras, las lógicas organizativas son las bases idóneas de las relaciones socio políticas de autoridad institucionalizada. Nuestra tesis socio política es que el deterioro de la economía política como forma de organización se caracteriza por el desarrollo de una lógica organizativa que está relacionada con el proceso actual de decadencia del modelo político- económico de concentración y esto va unido a los profundos cambios científicos y tecnológicos, pero que no dependen de estos. La convergencia e interacción entre un nuevo paradigma tecnológico y una nueva lógica organizativa de carácter constitucional es lo que en realidad constituye el cimiento de la transformación en las sociedades y dentro de los partidos políticos oligárquicos. Sin embargo, esta lógica organizativa se manifiesta bajo formas diferentes en diversos contextos socio -culturales y político - institucionales. Así pues, el conjunto de dispositivos organizativos que existen para medir el crecimiento económico, por ejemplo, poseen génesis y condiciones de interacción dependiente del antiguo paradigma del capitalismo. Sean cuales fueren las causas y las génesis del subdesarrollo político, a partir de mediados de los noventas hubo una línea divisoria en la organización de los medios de producción y los mercados de la economía global. Los cambios organizativos posrevolución interactuaron sociológicamente con la aparición de nuevos inversionistas, pero en general siempre dependientes y precedidos de las firmas comerciales. Muchos de esos cambios organizativos trataron de modelar y redefinir nuevos procesos sociales, las prácticas de producción y contratación, introduciendo el modelo del subsidio estatal, el monopolio o la deuda con el objetivo de ahorrar tiempo, pagara mano de obra mediante la automatización de puestos de trabajo y su sustitución, la eliminación de tareas productivas, la supresión de los derechos humanos y la conculcación de los derechos fundamentales, constitucionales. Este no es un análisis paralelo de la realidad socio política sino una cosmovisión de proyecciones sociológicas. Proponemos considerar el debate sobre el origen, desarrollo y caída de diferentes organizaciones, de diferentes trayectorias, como el PRD y el PRSC, orientados a desestimar las practicas metodológicas y orgánicas constitucionales de grupos económicos compelidos al subsidio estatal indirecto en una economía global. En la mayoría de los casos estas trayectorias políticas evolucionaron de las antiguas formas de organización social, como la empresa familiar de los años sesenta o setentas integradas verticalmente por firmas locales independientes que ya en la globalización no eran capaces de realizar sus tareas en las nuevas condiciones estructurales de producción y mercados, una incapacidad que se hizo plenamente evidente en la crisis de las colas de estaciones de gasolinas en los noventas. En otros contextos socio culturales, las nuevas formas organizativas estatales surgieron de los monopolios ya existentes que habían elegido la des industrialización de la economía en el proceso de reestructuración capitalista pos-golpe de Estado en 1963. Varias tendencias organizativas caracterizaron el proceso de construcción democrática caracterizado por la reestructuración capitalista, por la convergencia en el siglo 21 de las condiciones psicológicas y materiales de la destrucción de su propio paradigma organizativo y socavados por la dependencia y la especulación de la cadena de distribución monopólica y los precios del petróleo.

La transformación de los partidos políticos mejorara la estructura ocupacional de los jóvenes y niños, entre ellas las mujeres, desarrollara las condiciones socioeconómicas de las clases medias y los trabajadores y aumentara considerablemente el número de ciudadanos con alta cualificación laboral. El incremento de la participación y de la inversión local no parece ser, por sí mismo, un factor causal importante en la eliminación del populismo y la degradación de la democracia representativa, mientras, al menos se construyen nuevas mayorías calificadas. No obstante, el proceso de transición histórica hacia una sociedad de ciudadanos y una economía local circular se caracterizará por el deterioro extendido de los mercados en áreas de alta concentración dadas las nuevas condiciones de vida de los desempleados y la mejora gradual de la clase trabajadora. Este deterioro del mercado de concentración adquirirá formas diferentes en contextos sociales distintos. El ascenso de las clases medias a nuevos niveles de vida impactara estructuralmente en la democracia debido al ascenso de los salarios reales. El subempleo pasara a ser formal y la segmentación escalonada de la estratificación de los trabajadores ira hacia los niveles de las clases medias. Con la democratización de los partidos políticos se desarrollará una nueva condición histórica de formalización puesto que la desigualdad creciente e inestabilidad laboral incorporará una marginación creciente de las economías estancadas y subdesarrolladas. Hemos venido sosteniendo, con anterioridad, que estas tendencias no provienen de la lógica estructural del pensamiento tradicional de las elites nacionales, sino que son el resultado de la reestructuración actual que sufre la relación global entre el capital y el trabajo , ayudada por las poderosas herramientas que proporcionan las nuevas tecnologías de la información, que podrían proporcionar, de forma simultánea, una mayor productividad, mejores niveles de vida, conectividad, acceso a nuevos mercados, vida y empleos dignos. Una vez que se vayan aplicando ciertas elecciones partidarias, tecnológicas, cuyas trayectorias hoy están encerradas en la nueva sociedad abierta del capitalismo de la información, este fenómeno de socialización podría convertirse, al mismo tiempo, sin la necesidad tecnológica, en una sociedad dual. Las opiniones alternativas que prevalecen en el sistema político de elites, la sociedad civil pro-EU y los círculos neoliberales de oposición, las tendencias observadas de aumento del desempleo, el subempleo, la pobreza y la polarización social del uní partidismo son en general el resultado de un desajuste de cualificación, empeorado por la falta de flexibilidad de los mercados laborales. Según estas opiniones, mientras que la estructura ocupacional reproduce 1 millón de ni las cualificaciones requeridas para los puestos de trabajo informacionales, la mano de obra local no está a la altura de las nuevas tareas ya sea debido a la baja calidad del sistema educativo o a que el sistema de seguridad social resulta inadecuado para proporcionar la nueva formación necesaria en la estructura ocupacional emergente. Pese al aparente consenso oligárquico sobre el argumento de que existe un desajuste de cualificación en la oferta, por ejemplo, los datos macro económicos que lo apoyan son extremadamente escasos, sobre todo en lo referente a que una mejora en la educación y una formación mayor y mejor podrían resolver el problema del desempleo manifiesto en las calles y semáforos de Santo Domingo, sostenemos que resultara mucho más convincente que una educación mejor y de mayor formación podría contribuir a largo plazo a elevar la productividad y las tasas de crecimiento económico. Las consecuencias directas de esta reestructuración del sistema de partidos es que en las próximas décadas se celebraran elecciones internas para elegir y ser elegido dado que la renta familiar se disparara a un punto tal que las condiciones de vida continuaran mejorando pese a la concentración del crecimiento económico neoliberal. De todos modos, el patrón de conducta dominante parece establecer que, en las sociedades humanas, el consumo de medios de comunicación es la segunda categoría mayor de actividad después del trabajo, y, sin duda, la actividad predominante en la casa. Una cosa sí sabemos : no existe una cultura de masas determinada o definida en su especificidad, en el sentido imaginado por los críticos apocalípticos de las comunidades de masas, porque este modelo económico de alta concentración compite asimismo con otros modelos dentro del mismo y porque los vestigios históricos de las antiguas recesiones, la cultura de lucha de clases, los aspectos de la cultura ilustrada transmitidos de generación en generación, mediante la educación laica transformaran la vida del hombre común. Aunque a los historiadores y los investigadores empíricos del siglo 21, a los analistas de los partidos políticos y a los hacedores de opinión publica de los medios de comunicación les parezca de sentido común esta afirmación, si se toma en serio como yo lo hago, socava de forma decisiva un aspecto fundamental de la teoría social critica. Es una ironía que sean precisamente aquellos pensadores de posguerra, quienes suelen considerar a la gente como receptáculos pasivos de manipulación ideológica, quienes precisamente sean quienes vivan descartando de hecho las nociones de la existencia de movimientos sociales transformadores de costumbres y porta voces del cambio social, excepto cuando se trata de acontecimientos excepcionales y singulares generados fuera del alcance del sistema social actual. No hay forma de que este sistema de partidos no cambie. Si no cambian, desaparecerán.

Tras la ardua re - estructuración democrática de los años setenta y ochenta, la Republica Dominicana de la década de los noventa se incorporó a la nueva economía global, y los sectores dinámicos de la empresa local se encontraron inmersos en la competencia neoliberal, en la privatización, el burocratismo, expulsión acelerada de mano de obra y atrayendo capital golondrina. El precio de este tipo de privatización ha sido muy elevado para la sociedad dominicana. Una proporción considerable de la población ha quedado excluida de esos sectores que los medios de la alta burguesía llaman dinámicos, como los micro y medianos productores. En algunos casos, pueblos como San Cristóbal y regiones municipales como Haina industrial se desconectaron mediante la economía informal y el crimen organizado internacional, orientada su economía hacia el exterior. Por ello, el futuro de Republica Dominicana y su forma real de incorporación a la economía informal globalizada depende del peso relativo de los dos modelos de desarrollo opuestos. Por un lado, el que aproxima al Estado capitalista trujillista o desarrollista que se extendió hasta el desarrollismo de Balaguer, basado en una explotación absoluta de la mano de obra local, de la haitiana y de la población. De la devastación del medio ambiente para a seguidas respaldar la competitividad despiadada de los mercados externos u otros diferentes. Ese modelo económico es al que se le habilita ser moderno respecto de 1930- 1978 según los medios de comunicación de la burguesía, que vincula la competitividad externa con desigualdad, atendiendo a la intensificación del desempleo, a la distribución de la pobreza con propaganda subliminal de crecimiento económico de concentración, espejismos sobre la modernización tecnológica y administrativa, con más exclusión social y, por otro lado, en verdad, un montón de demagogia. En el mejor de los casos de apuestas utópicas. En efecto, ambos modelos desarrollistas reflejan la realidad de las infelices experiencias del desarrollismo capitalista en América Latina y el Caribe. Los procesos de reestructuración económica, en marcha desde los años noventa, decidirán el destino de la democracia representativa 2004-2012 y de los partidos políticos electoralistas de la elite populista en pleno siglo 21. Lo primero es que la integración de las zonas fronterizas a la economía capitalista de la metrópolis no se va a dar. Y lo segundo es que el TLC con EU implicara dolorosas consecuencias socio económicas para los productores nacionales y otras economías locales. Este acuerdo de libre comercio con los EU es una forma de adhesión económica de nuestros mercados impidiendo la movilidad social de nuestros campesinos, desplazando mano de obra de las zonas rurales a las urbes metropolitanas de Santiago, la capital y la Romana, crea despilfarro, cerrando nuevos mercados locales dado el monopolio de los productos, no incentiva la producción y estimula la desintegración social y política regional. Además, será difícil para los gobiernos nacionales favorecer a las clases medias, como crear riquezas para los trabajadores, como eliminar la dependencia de la capacidad de sus salarios respecto de la volatilidad del dólar y como reducir el poder de concentración del estado para poder redistribuir sus riquezas entre la población. Este proceso dinámico de producción y generación de pobreza emprendido desde arriba ha tenido como consecuencia una de las sociedades más desiguales del Hemisferio Occidental. República Dominicana es una economía debilitada por el desempleo, socavada por el analfabetismo científico y tecnológico, desmovilizado por la cultura análoga, acosada por las brechas tecnológicas y científicas, sofocada por la falta de una educación vocacional tecnológica rural, de una buena parte de la población. Con una aristocracia obrera, una oligarquía capitalista neo liberal y una elite populista bloqueando las reformas , las elites empresariales, atrincheradas en las exenciones tributarias y la expulsión de capital, reclamando más subsidios estatales, reduciendo los derechos de los trabajadores, exportando la cultura del fraude a la sociedad, creando varias contabilidades en la sociedad económica, inflando las pérdidas y ocultando los beneficios , mediante la evasión, en esa lógica de pensamiento, las posibilidades de éxito de este sistema político y económico son inciertas. Sin embargo, Republica Dominicana, la otra Republica Dominicana invisible para el crecimiento económico del Banco Central, ha seguido adelante por sí misma. Con la unidad multi dimensional de su estructura productiva informal, que es otra economía paralela, que merece otro análisis no convencional, cierta mejora en la distribución de la renta per cápita y un programa a gran escala de inversión pública en salud y educación y obras públicas, el reto de superar los 3 millones de turistas, Republica Dominicana podría convertirse en un componente importante de la economía local y llevar a la incorporación social a cerca de 1 millón de Ni Nis, llevándolos al desarrollo humano. Creemos que los antiguos modelos del desarrollismo trujillista de entre 1930 y 1961, de los vestigios del postruilismo Balaguerista de entre 1966 y 1978, y el actual modelo neoliberal tienen sus días contados. Es irrelevante, carente de interés para la nueva mayoría de ciudadanos interdependientes, en construcción de ciudadanía.

Para la oposición en el oficialismo, y para la oposición de sociedad civil por oposición, el cambio social, político y económico del Siglo 21 se ha constituido, en consecuencia, en un discurso asumido por la decadente atmosfera político - intelectual y económica. Algunos inteligentes analistas han intentado definir las características más sobresalientes de este discurso. Según el Dr. Miguel Ceara Hatton: "...El Estado Dominicano ha perdido la función que cumple en la época actual..." La linealidad, la organización, la racionalidad de su discurso y su capacidad de análisis es holístico, intuitivo, complejo. El Dr. Ceara Hatton es un genio que, sin movimientos ni zig zags recorre décadas de recortes sociales - en artículos e investigaciones- buscando comprender una democracia representativa que le viene en principio desestructurada, en el que las relaciones entre los diversos elementos del Estado y de la sociedad son presentes, con frecuencia, pensamientos meramente homogéneos, asociativos. De tal modo – en un principio - (y aunque luego puedan producirse complejos ciclos de lectura del pensamiento político actual) Los analistas políticos contemporáneos perciben la sociedad actual, así como el oído percibe los sonidos, de un modo borroso y global. Quizá este empeño en lo auditivo sea un indicio del relajamiento ético, característica de la cultura intelectual de nuestra época. Las encuestas sociales y políticas de las elites muestran esa tendencia: la oposición política al oficialismo se hace cada vez más acústica; la oposición de sociedad civil más estereofónica.

Pero, además, en la actualidad, la oposición política se encuentra en un proceso de crisis existencial de paradigmas, frente al oficialismo o a cualquier otra cosa, que guarda relación con procesos sociales y económicos anteriores (2003) y que cada vez más es sustituto progresivamente por un déficit individual, pero no como el del gobierno de Hipólito Mejía (2000-2004). Prueba de ello es que proliferan las cadenas de endeudamiento interinstitucional. Las tasas de desempleo, los telepredicadores. La imagen que de la democracia dominicana tiene el PRD, por ejemplo, parece convertirse en una fuente ilustradora de lo que muchas veces intenta describir el escritor dominicano Andrés L. Mateo. ¿Cómo es que ese discurso coyuntural anticorrupción que el PRD y un sector empresarial está construyendo (en la sociedad civil) y evidenciando ante la opinión pública, puede llegar a ser tomado en cuenta? Veámoslo:

A) Si los medios de comunicación, es decir, la percepción que de la sociedad política tienen las mayorías se distancia de la realidad histórica, la percepción opositora de la realidad social actual se fortalece.

B) Si la oposición "está del lado" de la población contra las reformas, aún pueda pactar con el gobierno, la imagen da la idea de lo que en el fondo se busca. Es decir, "afecto" entre la población, "abstracción" allá en los medios y maquillaje en la PUCMM – pero sólo en imagen -.

El periodista Juan Bolívar Diaz, por ejemplo, parece privilegiar la idea que tiene sobre los partidos políticos, pues, las características propias de su percepción acústica son circular; sin perspectivas políticas precisas; con pensamientos sugestivos; emotivo más que interpretativo. Muy envolvente. ¿Cómo explicar esta misma situación que atraviesa el doctor Andrés L. Mateo, en términos semióticos? Quizá es la potenciación del aspecto de la enunciación - denominado "performance", - es decir, la actuación, lo que llega a crear un contexto de los individuos altamente contenedor. Tal contexto tiene que entenderse, por tanto, como una forma perceptiva de ambos intelectuales comunicarse que envuelve otra forma y que estructura la oposición al oficialismo, en definitiva y, en última instancia, con sofisticado sentido político.

Este también es el ambiente perceptivo del sociólogo César Pérez. Eso es lo que se destaca en toda su importancia. (Aunque, en realidad, el Dr. César Pérez se destaca en toda su importancia). Aunque, en realidad, el Dr. César Pérez tiene que ser considerado en un contexto básico ortodoxo, fundamental y envolvente que actúa políticamente sobre condiciones generales de honestidad, en el sentido político. (En el próximo artículo intentaremos describir estas condiciones respecto del periodista Juan Bolívar Díaz). El Dr. Enmanuel Esquea Guerrero, por ejemplo, apoyándose, probablemente, en la especificidad de sus

conocimientos jurídicos tiende a privilegiar la retransmisión
en directo de los acontecimientos sociopolíticos, de tal manera
que las emisiones en diferido pierden capacidad de atracción
que las audiencias públicas de la sociedad civil – ahora les llaman "ruedas de prensa" y las que realiza el economista político
Arturo Martínez Moya, de la unidad de análisis económico del
PRD. La tendencia espontánea del discurso político que apoya
la figura de la "dictadura constitucional" enarbolado por el Dr.
Pedro Catrain, por ejemplo, es apenas un extendido del plan
de juicio político al DR. Leonel Fernández (2004-2012). Ese
discurso político consiste en estar siempre en el instante de la
acción mediática. Allá en los noticieros, donde supuestamente
suceden los hechos. Y así, las cámaras de televisión, las del grupo
de comunicaciones Corripio o cualquier otro como CDN 37 y
los informadores al servicio de la estrategia muestran todo y para
todos. Del Dr. Leonel Fernández – y del mundo entero – han
hecho un solo escenario, pero, además, han acercado a él y al
PLD a la población, y casi lo han convertido en el protagonista
de la acción.

De aquí que para sostener ese impulso básico – que proviene
de su más profundo inconsciente psicológico – y para darle legitimidad simbólica a sus intereses sociales y políticos el discurso
anticorrupción de la oposición haya tenido que construir sus
propios mitos, su particular relato. Mito social y político que
es el de su propia constitución sociológica y psicológica, de sus
ideólogos. Por tanto, ¿Cuál es al Siglo 21 la verdadera historia de
los partidos políticos de posguerra y de los sectores de sociedad
civil con vínculos empresariales y políticos en RD?

La historia del PRD pos-Bosch (1939-1973) es una historia
en la que la heroína actual es su propia oposición interna, que se
hace visible, en todos los rincones del país. La máxima ambición

del PRD es estar en presencia simultánea en todos los medios y en todos los acontecimientos.   Aunque social y políticamente divido. Adversando a su medio hermano, es decir, al PLD, al que considera su archí enemigo y oponente – oponiéndose a todo aquello que quiera oponerse a su esfuerzo de presencia y visibilidad- y, finalmente, servir como un ente que se supone ávido de poder, y en posesión del don de la ubicuidad. Pero, en el Siglo 21 eso ya no es posible.

La historia de la oposición, la del PRD de hoy, sobre sus orígenes, se ritualiza y se representa constantemente a través de diferentes segmentos de la programación televisiva: en los noticieros, en las retransmisiones de radio, en los talk shows, etc. La letanía del mito de la oposición de sociedad civil es constante porque el PRD es siempre su propia oposición.

Muchos problemas estructurales del estado, en el Siglo 21, no existirían sin las experiencias histórico–sociales de entre 1978 – 1986 y 2000 – 2004, por ejemplo. (Bancomercio, Banco Universal, la devaluación de la moneda, la movilización de 1984). Lo que cuenta para posteridad, lo que eleva el rango de los individuos a categorías históricas y por tanto de los acontecimientos a categoría pública, según el escritor Andrés L. Mateo, es pues, llamado oposición. Pero, la audiencia social, por su parte, destinataria suprema de los hechos parece participar en los acontecimientos que denuncia el PRD. Pero, su presencia allí es solo aparente.

Según el mito del PRD de Hipólito Mejía y sus asesores, se puede llegar a creer que el déficit fiscal acumulado entre 2003-2012 es apenas un efecto de la realidad de la actualidad y no una consecuencia estructural histórica derivada de ella.

Pero, la gente de a pie sabe que lo que dice Hipólito Mejía es apenas un efecto de su propia realidad, una figura discursiva inverosímil. El PRD es auténticamente, la presencia de este animal político, simulada en torno al discurso de su intelectualidad de sociedad civil, una consecuencia histórico- política de la singular enunciación de esa burguesía de EU y de la UE que opera de facto.

Podríamos decir, entonces, que se produce en la opinión pública una colectivización subjetivizante de la crisis global del capitalismo, obviando sus causas y consecuencias, en el Estado dominicano.

En ese escenario, las huellas básicas y primarias de la crisis estructural del capitalismo dominicano 1962-2012 desaparecen hasta quedar en un segundo plano y entonces adquieren notoriedad las marcas de la personalización individual opositora. Por otro lado, los minúsculos partidos de izquierda y sectores opositores del PRSC – que pretenden construir una enunciación política a partir de un sujeto que no sale de sí mismo para aproximarse al mundo real – no son sujetos de acción porque no son capaces de comprometerse con la sociedad económica en un curso histórico social de transformación política. La izquierda liberal y la derecha dominicana de sociedad civil es más bien un sujeto inanimado que toma el fenómeno de la globalización neoliberal como prolongación de la proyección geopolítica de su propio espacio.

¿Resumiendo, este es el mito-mecanismo enunciativo que justifica el bipartidismo PLD-PRD (?) Una estrategia bipolar que pone en marcha la actual "oposición"?

La oposición en el Siglo 21 es como tal:

1) Un enunciador cuasi invisible que muestra constantemente el mundo de su referencia para agazaparse tras él. (En eso la politóloga Rosario Espinal tiene toda la razón).

2) Un colectivo político de facto que personaliza la crisis

respecto del doctor Leonel Fernández y el PLD para tratar de convertirse en sujeto pleno desde la subjetividad.

3) Esa subjetividad de oposición se desparrama a un sector de la población –vía los medios de Radio y TV a sus servicios– se extiende a los hogares e invade la relación enunciativa del ser, e incluso, el mundo político referencial del PRD- con lo cual se procura una cierta apropiación subjetiva del mundo real. La oposición a las reformas económicas es un acto lingüístico-discursivo esencial de Hipólito Mejía y de Miguel Vargas Maldonado ante el país que puede resumirse en un simple enunciado: "…Aquello que ustedes están observando –la crisis– no soy yo ni nosotros, es decir, la crisis del 2003 y el déficit fiscal (2003) no forma parte de mi intimidad ni de mi gobierno sino del Estado y de la oligarquía. Más bien, para ese discurso populista la quiebra financiera del año 2003 es cuestión del oficialismo (2004-2008) …".

El resultado de todo ello es que la oposición al oficialismo se construye enunciativamente – por los medios de comunicación – y pretende apropiarse de todo lo público y lo hace personal, subjetivando al PLD y a sus gobiernos, y lo hace de una forma tal que lo convierte en un instrumento simbólico de su lucha, en una prolongación de su propio espacio interior.

El oficialismo, por tanto, lleva a operar una auténtica reestructuración social. A la larga, el PLD tiende a cambiar el sentido de la identidad colectiva por una entidad global (pero subjetividad por la oposición). Individualizada la crisis sistémica, por ejemplo, personalizada la enunciación.

Buena parte del subjetivismo intelectual del ambiente político y el individualismo dominante en los sectores empresariales que conforma la matrícula del CONEP de hoy dependen de la extensión de ese mecanismo enunciativo que hemos descrito. Porque la programación general de la oposición del PRD y de sectores de sociedad civil tiende globalmente a ese fin. Ese es su fundamental error histórico-político.

En los últimos 50 años, (1962-2012) hemos visto como un sector de la estructura de poder de la elite oligárquica financiera género, desde inicios de los años 70, en torno a los hombres de empresa, y de dos de sus organizaciones satélites (La Cámara Dominico- americana de Comercio y el Conep) un estado paralelo. Sin embargo, por más poderosa, rica e influyente que la elite neoliberal fuera, y por más bien organizadas que estuvieran los ideólogos del Conep y sus satélites (ANJE, por ejemplo) habría sido impensable la posibilidad de la idea de crear una globalización sin DR-CAFTA, o sin la existencia simultanea de mecanismos de control en todos los ámbitos de la sociedad y en todo el país. El CONEP percibió, entonces, que debía extender su poder económico a la elite de los partidos políticos en los que se apoya hasta la sociedad civil pro-EE. UU. Para ello necesitaba, en primer lugar, reduplicar su propia estructura, generando " Think Tanks" a imagen y semejanza de USAID, incluso dirigidos por miembros de Participación Ciudadana o de FINJUS a fin de poder infiltrar en forma adecuada las estructuras estatales de poder en República Dominicana. Antonio Isa Conde, antiguo militante de la privatización de CORDE sabe perfectamente a lo que me refiero. De esta manera, una gran multiplicidad de ONGs, cuyo supuesto fin es el intercambio cultural, el estímulo a la creación con ideas para el desarrollo regional han sido creadas en el país, a lo largo de finales del Siglos XX a imagen y semejanza del gran capital. El objetivo real de estos "Think Tanks" es, en cambio, a lo Sinatra, bien a lo grande, my way. La idea básica de estos movimientos es tomar contacto con la elite de los partidos políticos, economistas, periodistas, diputados, senadores y funcionarios públicos de variada gama. El Dr. Andrés L. Mateo sabe perfectamente lo que digo. El objetivo de establecer esos vínculos seria influir en la toma de decisiones de las respectivas instituciones estatales y en los medios privados de prensa a fin de controlar tanto a los gobiernos como a la opinión pública y hacer, de esta manera - como bien sabe el Dr. Miguel Ceara Hatton, la agenda de la oposición. En el caso de Participación Ciudadana, organización encargada para presionar por la adopción de medidas que no obstruyan la agenda social, política y económica de los intereses de la Embajada norteamericana en el país, su papel es reivindicar sus intereses. En los archivos de los periódicos nacionales se pueden encontrar, además de mucha información valiosa, listados enteros de miembros permanentes de Participación Ciudadana. Se trata de personas susceptibles de padecer el lobismo caricaturesco de la elite del CONEP, inoculando en las elites de los gobiernos, de los partidos políticos, de la prensa amarilla y de las organizaciones empresariales, su credo neoliberal. Una especial mención merece los miembros de la Junta Monetaria del Banco Central -de todos los gobiernos de posguerra-. La reduplicación de estas estructuras no gubernamentales u oligárquicas, conformadas por familiares en los gobiernos como consejos consultivos entre empresarios e intelectuales, va incluso más allá. Dado que también se generan dentro de los propios ministerios son autónomos. Pero los hay asesores, de los países de la UE, de la región (Americas Watch) o Transparencia Internacional de asociaciones CxA de otros países. La utilidad de estas estructuras de poder es, como puede observarse, muy importante para la elite empresarial. Por un lado, puede fácilmente desecharse todo tipo de teorías políticas y sociales democráticas proclives al desarrollo institucional del Estado con el argumento de que solo se trata de grupos de personas "interesados" en el bien común. Por lo tanto, no solo pueden ocultar sus fines de dominio sociocultural, sino también ofrecer a la opinión publica desprevenida la idea de objetivos filantrópicos. Lo cierto es que difícilmente el núcleo central de personas que conforman la Coalición por una Educación Digna (4% del PIB) por ejemplo, (entre otras organizaciones como ADOCCO y el movimiento social Alianza País de Guillermo Moreno) destinen tiempo, esfuerzos y recursos económicos si no hay detrás de toda esa estrategia la posibilidad de beneficios políticos o económicos. La adhesión personal a estos " Think Tanks' suele ser una especie de contrato tácito por el cual los miembros de esas coaliciones opositoras dan parte de su tiempo, sus energías, sus recursos (cuando es el caso de la Cámara Dominico- Americana de Comercio) y hasta de cerebros a cambio de posibles y probables beneficios políticos y económicos, importantes cargos empresariales y posibles y probables puestos políticos. Pero el control del CONEP, y de la elite oligárquica que lo domina, sobre los medios de comunicación y las mercancías, a fin de generar la devaluación de la moneda, por ejemplo,(que es desarrollar más y mayores negocios a las multinacionales) no se detiene en reduplicaciones permanentes del propio status quo, sino que abarca otros ámbitos de acción: La seguridad ciudadana, la inteligencia, la salud pública, la educación pública, a través de organizaciones académicas como la PUCMM o lobbie empresarial como FINJUS; es decir, un sutil control político y social de las elites de los partidos políticos a través de un sector de las Naciones Unidas, principalmente, y finalmente, el control financiero del FMI, del BM y sus entidades anexas o subsidiarias. Por último, el control social y económico del Estado se completa mediante la influencia en las masas, día a día, de los monopolios de comunicación, entre los que sobresale por variadas causas de imagen, la televisión. El DR-Cafta, por ejemplo, es una figura jurídico- política que vio la luz en República Dominicana en el régimen de Hipólito Mejía (2000-2004) cuando Estados Unidos entra en guerra contra el eje energético de Medio Oriente, en Irak... La guerra comercial era un tema especialmente incómodo para la elite de negocios de la Cámara Dominico Americana de Comercio, dado que venía colaborando con el régimen de Balaguer (1966-1978) como ya hemos visto en artículos anteriores. Por lo tanto, necesitaba efectuar discretas negociaciones con conspicuos miembros del régimen neotrujillista y de EE. UU. a fin de que sus intereses económicos y políticos no se vieran seriamente perjudicados una vez que la guerra de abril en 1965 hubiese terminado. (Años antes, en 1961, un grupo selecto de antiguos colaboradores reaccionarios del régimen trujillista, junto a la CIA de EE. UU. y mercenarios del grupo de poder, - beneficiarios de la dictadura- habían fusilado al dictador Rafael Leónidas Trujillo Molina). El origen "non santo" de una gran parte de las ONGs, basado en actos de difícil interpretación, incluso lingüística, favoreció que en el país de la posguerra (1980-2000) se llevaran a cabo operaciones comerciales secretas contra el sindicalismo organizado, los clubes barriales y el pensamiento renovador. No solo como acciones ilegales sino también como criminales. Una de las principales operaciones en las que los hombres de negocios de la elite del CONEP se vio envuelta fue el desmonte de CORDE a través del cual EE. UU. selecciono a un gran número de intelectuales, militantes políticos, militares y colaboradores de todo tipo, incluyendo a las elites de los partidos políticos, en colaboración con la fundación Kellogs, el BID y otros, por ejemplo. Muchos de esos intelectuales ayudaron a desarrollar el proyecto de 'capitalización' de las empresas públicas, incluida la CDEEE. Las operaciones de las elites políticas y los negocios de las elites empresariales no solo se redujo a contrabandear con información clasificada para EEUU o para los analistas de los mercados bursátiles y desarrollar cooperativas múltiples regionales o municipales de distribución sino que se enfocaron en la construcción de nuevos discursos a través de foros y debates cerrados, en muchos casos financiados por los propios inversionistas extranjeros de la elite de negocios corporativos, beneficiando los intereses de la sociedad civil y de los propios agentes intermediarios. Participación Ciudadana, entonces, no sería otra cosa que el brazo ideológico y político de la elite empresarial y de EE. UU. Es por esa causa que esta organización no desaparece de los medios de comunicación una vez extinguidos- cada 4 años- el periodo constitucional de cada gobierno. Pero, volviendo al Siglo XXI, la actividad de la derecha opositora no se reduce a impedir el ascenso político del PLD al 2016. Dado que tras la experiencia de los gobiernos de Leonel Fernández y del PLD entre 2004-2012, la población se volcó 'filosóficamente' más al centro o, a la transacción o quizá al pragmatismo que a la derecha, los asesores de EEUU o de la UE decidieron mantener a raya las posibles relaciones Sur-Sur financiando ejércitos de ONGS de falsas izquierdas o de falsos voceros progresistas en las redes sociales a fin de mantener instalado en los medios de comunicación, y en la mente de un amplio sector de la población, la idea de la enorme peligrosidad de la continuidad del PLD en el poder. Para ello, los asesores políticos de EE. UU. no dudaron en mantener inalterados los estrechos contactos que poseían con diversos personajillos de la avanzada de oposición desde finales del 2006. Andrés L. Mateo nunca dudo en mirar para otro lado cuando Hipólito Mejía y el

PRD desarrollaban sus programas sociales o el apoyo militante a la guerra de Irak, en procura de la reelección, creando un vacío existencial humano y socioeconómico. Las frecuentes noticias post electorales acerca de los lazos políticos del Dr. Miguel Ceara Hatton con el PRD y los lazos políticos de un sector de la elite del CONEP con Hipólito Mejía y el PPH, y de economistas y periodistas al servicio del régimen (José Luis Malkum, por ejemplo), con engranajes en ACENTO.com y un sector hostil al PLD , y específicamente a Leonel Fernández, en el Grupo de Comunicaciones Corripio, deben entenderse como algo natural en una maquinaria mayor utilizada como una estrategia política de oposición.

La creciente debilidad de los poderes públicos existentes ha sido puesta en evidencia desde hace décadas y cada vez más se hace inmutable. El declive de la seguridad publica ya no debe ni puede ser pasado por alto. Los representantes de las elites empresariales se reúnen para debatir y decidir la línea especulativa de acción en contra del consumidor solo para esperar recibir subsidios estatales. Es una situación que explotara en cualquier momento pues la ciudadanía entiende que esa situación no debe perdurar. De hecho, el presente interregno socio político no es reciente, no muy reciente, en cualquier caso. La existencia misma de este modelo oligárquico molesta cada vez más y sus abusos no deben pasar por inadvertidos. Su abuso se refleja en los crecientes déficits de confianza social, de la inacción colectiva, en la pérdida del interés de parte de la sociedad en la política institucional y en la progresiva y ya instalada sensación de que la transformación radical y positiva es concebible desde abajo porque ya no puede venir desde las altas esferas. Podríamos establecer que los representantes de la sociedad civil corporativa son gestores individuales de un gran naufragio que se desarraiga presionado por el populismo judicial y reprendiendo sus propias causas, inequívocas e individuales. Con las divisiones políticas, cada vez más evidentes, las comunidades de los municipios y de los distritos buscan en vano una estructura que se preocupe por sus ciudadanos, en las cuales ver reflejadas sus aspiraciones. La tendencia en las redes sociales es la incertidumbre colectiva que se manifiesta con una fuerza sin precedentes, que parece va a permitir que ocurra de todo en una magnitud sin precedentes. Estamos, al parecer, desintegrándonos como reflejo de nuestra propia decadencia si observamos los resultados del capitalismo salvaje. Las alianzas ciudadanas trabadas por el inmediatismo, notablemente inclinadas a desvanecerse o desgarrarse poco después de la tormenta que las desgarro. La fase de limpieza ético social es en realidad una conveniencia de grupos particulares y muy poderosos. Los portavoces de quienes están abusando de la ciudadanía se mantienen en marcha satisfechos de la dominación, aunque no necesariamente representen las razones correctas. Ese modelo político empresarial de cinismo populista no requiere de líderes, sino que de autómatas. Esto no resulta sorprendente. Es que los ciudadanos lo pueden constatar como una evidencia casi diaria de lo que desafortunadamente se nos ha presentado. Existen voces más racionales, pero igual están asimilados o corrompidos hasta el tuétano. A esos tipos los comentaristas de radio y de televisión les llaman honorables. Podemos asumir con seguridad que el creciente número de personas que toman las calles para buscarse la vida en una esquina o debajo del semáforo responden a un trauma psicosocial precoz, seriamente problemático. Sin lugar a duda los dominicanos saben que no tiene futuro con semejante tipo de líderes políticos improvisados. Más importante aún, estos tipos no tienen idea de que pudiera ser lo suficiente. En este país se desatendieron las prioridades para dar paso a reglas nuevas y a exitosas estrategias publicitarias que devienen en la muerte de la razón. Al parecer, la contaminación colectiva está en proceso de germinación a la espera de gestionar un nuevo vacío socio político. La gente común está sustituyendo sus arraigados valores, destruyendo los cimientos de toda regla. La impotencia e ineptitud excesivas de la maquinaria de odio político no se detiene en su loco afán de fuerza que los induce a desintegrarse. Las elites mediáticas están en franca putrefacción. Se ha perdido la capacidad integradora y se ha confinado la libertad. Es una desregulación tan acelerada que el proceso de relajamiento de la institucionalidad democrática ha entrado en una conclusión inevitable. En lo que respecta a las redes sociales parece que estas han contribuido al enorme volumen de mierda disponible on line, a la par de la construcción de nuevas letrinas. Los líderes políticos en minoría, de las demás tribus nacionales, son en realidad AD HOC. Cada conjunto de estas circunstancias históricas constituye un desenfreno de habilidades depredadoras, aunque frágiles. Para resumir con precisión el actual panorama de la segunda década del siglo 21, los individuos con visiones o los que ven más allá en los partidos políticos, se encuentran tan alejados del unilateralismo partidario que apenas resulta atractivo para ellos ser líderes sociales o políticos dado el deterioro progresivo que sigue naciendo. No existe aún una madurez política detrás de todo esto que pueda detener esta maquinaria política de maldad firmemente arraigada en la financiación pública y privada. Los individuos que asisten a los medios de comunicación en su afán de relaciones públicas se han convertido en celebridades aun siendo voceros de los intereses promulgados. En realidad, dentro de esta lógica, solo dispones de propaganda y presupuesto para cambiar la historia. Y es que las elites nacionales se han convertido en individuos infames. El resto de nosotros tampoco sirve para mucho y es que nosotros rara vez nos apoderamos de las armas de nuestro destino y cuando lo hacemos, si es que llega el caso, lo hacemos con una determinación mucho menor, más débil o efímera. Tras estos criterios, permítaseme señalar que, aunque las ideologías del pesimismo se apoderen de nosotros es necesario entender que existe la necesidad de discutir crudamente las certezas. Correspondiendo con lo amorfo y precoz del abismo y el contenido camaleónico de la rigidez del establecimiento nuestra esperanza consiste en depositar en las instituciones políticas vigentes el factor invariable e integrador que se nos comparte. Pero no les creemos. Creo sí en que en el actual contexto es importante aportar otra perspectiva social, política y económica. Ante la vigilancia masiva de nuestra metodología analítica y de frente a la insubordinación estos movimientos aún siguen siendo tiempos de colonización. Si este artículo es o no adecuado poco importa, aunque sea parte del debate. Pero, la gente ya no es tan mansa y sumisa como antes o como los poderosos creían y están dispuestos a no temer al castigo de una próxima contra reforma tan solo sea por desobedecerlos. Sépanlo, la posibilidad es una isla.

Hacia el final de la segunda década del siglo 21, varios acontecimientos de trascendencia histórica han transformado el panorama socio político de la vida económica nacional. Una revolución tecnológica, centrada en torno a las tecnologías de la información, está modificando la base material de la sociedad a un ritmo acelerado. Los partidos políticos se han hecho inter pendientes de los municipios y distritos a escala nacional, introduciendo nuevas formas de relación entre la ciudadanía, en un sistema geométrico de expansión simultaneo. El derrumbamiento de los sistemas de regulación y control estatal y la aparición de la economía capitalista neoliberal ha venido rescatando a la izquierda política, puesto fin a la posguerra y ha alterado de modo fundamental la política local. El capitalismo salvaje ha sufrido un proceso de reestructuración profunda, caracterizado por una mayor desregulación en la gestión estatal en relación con otras estructuras privadas y un aumento del capital social frente al trabajo. Con el declive del movimiento sindical, una individualización y diversificación crecientes de las relaciones de trabajo ha permitido la incorporación masiva de la mujer al trabajo retribuido, por lo general en condiciones discriminatorias. La intervención del estado en la desregulación de los mercados de forma selectiva, el desmantelamiento del estado del bienestar, la intensificación de la competencia económica y legal en un contexto de monopolios y una creciente diferenciación geográfica y cultural de los escenarios para la acumulación y gestión de capital, aumentaron las brechas. Como consecuencia de ello el sistema capitalista neoliberal, aun en curso, ha presenciado la desintegración de los mercados globales financieros haciendo interdependientes la transformación socio cultural de las clases medias y los trabajadores, haciéndoles sujeto de crédito y visibilizando el surgimiento de nuevas alianzas entre segmentos valiosos, en tiempo real. De forma simultánea, las actividades delictivas y las organizaciones del crimen organizado internacional y sus dependencias mafiosas del mundo también se han hecho globales e informacionales proporcionando los medios para la estimulación del híper actividad mediática y social y del deseo prohibido, junto con toda forma de cinismo y comercio ilícito demandado por el consumismo de estas nuevas sociedades y nomenclaturas, con armamento sofisticado. Además, un nuevo sistema de comunicación que habla un lenguaje digital está integrado globalmente a la producción de bienes y servicios, de palabras, sonidos e imágenes de nuestra cultura y acomodándolas a los gustos de las identidades y temperamentos sociales de los individuos. Las redes informáticas interactivas crecen de un modo exponencial, creando nuevas formas, costumbres y creando canales de distribución. De esta manera se está dando forma a la vida de miles de dominicanos, a la vez que esta vida les da forma a los partidos y a las empresas. Los cambios sociales y políticos son tan espectaculares que los partidos no están realizando primarias o convenciones democráticas dada la velocidad de la transformación tecnológica, las brechas económicas que ha creado y los costos sociales que arrastran tras de sí el subdesarrollo. A pesar de toda dificultad sufrida por el proceso de transformación neo populista la condición actual de la mujer ha minado el patriarcado, puesto que la cuestión de la diversidad societaria, las relaciones de género, por ejemplo, se han convertido en un dominio contestado, en vez de ser una esfera de reproducción cultural. De ahí se deduce una redefinición fundamental de las relaciones entre mujeres, hombres y niños y, de este modo, de la familia, la sexualidad y la personalidad. La conciencia medio ambiental ha calado en las instituciones de la sociedad y sus valores han ganado un atractivo político al precio de las militancias de los partidos ser falseada y manipulada en la práctica cotidiana en las grandes trabas de las empresas multinacionales y burocráticas. El sistema político dominicano está sumido en una crisis estructural de legitimidad, hundidos de forma periódica por escándalos, dependientes esencialmente del respaldo de los medios de comunicación, del liderazgo personalizado. Las elites de los partidos políticos están cada vez más aisladas de la ciudadanía. En un mundo socio político como este los movimientos sociales tienden a estar fragmentados, localistas, orientados a un único tema y efímeros, ya sea reducidos a sus mundos interiores o ilusionados en un instante de entornos mediáticos. Esta sociedad de hoy se está estructurando cada vez más en torno a una oposición y oficialismo bipolar, atrapados entre las redes y el ego. En esa condición de esquizofrenia estructural entre función y significado, las pautas de comunicación social, cada vez se someten a una tensión mayor. Es decir, sobre las clases medias y los trabajadores se cierne una amenaza. En este escenario la fragmentación social se extiende a los partidos políticos como le es posible, dentro de los limites obvios de la decadencia y por supuesto del desconocimiento de este autor. Ahora bien, la revolución democrática ha comenzado.

La sociedad de redes sociales, en sus diversas manifestaciones políticas, apenas comienza a tomar forma en el crepúsculo de la democracia representativa de la segunda década de finales del siglo 21. Así pues, el análisis de su dirección futura y de su perfil podrían proporcionar las proyecciones de crecimiento que pronostica la estructura social ciudadana en los primeros años de la tercera década del siglo 21. Estas proyecciones políticas, siempre sometidas a numerosos asuntos económicos, tecnológicos e institucionales, basadas en unas elites de partidos poco firmes, avanzara. Por lo tanto, la condición del levantamiento de información y de datos que hemos utilizado en el observatorio ciudadano Red Social es aún más tentativa que el análisis de los teóricos convencionales cuyas tendencias ideológicas casi siempre son las mismas hasta 2010. No obstante, mediante la utilización de fuentes fiables, como el uso intensivo del debate en las redes, se han recopilado datos de la naturaleza próxima del ejercicio socio político, y puede que en pocos años seamos capaces de generar una hipótesis revolucionaria sobre el camino seguro de la democracia informacional. Nuestro análisis de las proyecciones sobre las elites de los partidos políticos se centra sobre todo en los municipios y en los distritos porque deseamos mantener dentro de esos límites la complejidad empírica del estudio socio cultural de estos nuevos conglomerados. Así pues, al fijarnos que las elites de los partidos parecen estar entrelazados parecerían ser oposición y oficialismo al mismo tiempo, es decir, dos modelos en uno aun diferentes, pero en realidad son uno mismo. Así podríamos valorar mejor la divergencia ideológica de los partidos o no y su estructura ocupacional en dicha sociedad consumista. Una observación interesante proviene del hecho de que, aunque la militancia de los partidos de elites continúa siendo leal a sus símbolos no menos cierto es que esta fidelidad se ha estancado o desaparecido en tanto observamos el retiro del respaldo al PRD y al PRSC, organizaciones estas que hegemonizaron las luchas políticas de posguerra. Hoy son satélites. Aunque se espera una oxigenación a las elites de los partidos del sistema, se prevé que al 2012 se construyan nuevas coaliciones entre partidos en minoría como natural reparación de su condición precapitalista. Acerca de esto, los analistas han comenzado a especular sobre una división política y social aún más profunda en el PRM cuyos principales dirigentes continuaran en la cima de la expansión desarrollista del populismo, aunque de forma transaccional con el oficialismo. No obstante, debe tenerse en cuenta que no todos los partidos podrán sobre vivir a esta segunda ola neoliberal y se espera que el 50 por ciento de esas organizaciones sistémicas se conviertan en movimientos sociales vinculados a la sociedad civil corporativa o la empresa. Así pues, al fuerte crecimiento de la deuda externa se sumarán las desestabilizaciones sociales y políticas que se espera reduzcan el rango de movilidad de los partidos y las empresas. La inflexibilidad de la continuidad de este sistema político de castas económicas lograra tensar el crecimiento económico posiblemente calentando la economía. Si ahora pasamos a examinar la estructura socio política de las elites partidarias y de los partidos en minoría, a primera vista parece confirmarse nuestra hipótesis de la sociedad de la información en tiempos de inmovilismo socio político. En conjunto, ninguno hace mayoría simple. Los reformistas de Balaguer aumentaran sus cuotas hasta verlas disminuir, confirmando la tendencia del observatorio Red Social de la aparición de un nuevo núcleo de movimientos sociales en minoría que los desplazara. Examinemos con mayor rigor a las elites del PLD. En el caso del CP, por ejemplo, sus proyecciones de continuidad sin consenso ni pacto son difusas dado el nivel educativo del millón de nuevos votantes con menos de 25 años. Este análisis considera tanto la potencial abstención, como los resultados del año 2012 y la profunda división existente en los partidos. La población joven se dispersó entre 2000- 2010 y el voto se encareció al nivel del alto precio que resulta ser el voto independiente. La conclusión de este análisis empírico es que se requerirá de la construcción de nuevas coaliciones de partidos para avanzar hacia la ruptura con el bipartidismo. De hecho, en menos de medio siglo, es decir, entre 1962 y 2016 el endeudamiento externo se ha colocado al 50 por ciento del presupuesto, de acuerdo con proyecciones de la teoría bancentraliana del infalible teorema del crecimiento económico. Para tratar de proporcionar una visión sintética de los radicales cambios proyectados en la estructura política de los partidos de elites hemos iniciado a calcular sociológicamente el modelo de estratificación. El rasgo más significativo de ello es la profunda brecha y su perenne desigualdad. En la opinión de los teóricos más conservadores la suerte de ese viejo paradigma político es que los que no se adapten necesariamente tendrán que desaparecer.

Si pasamos a examinar la estructura electoral de los partidos políticos del sistema de elites, a primera vista parece confirmarse la hipótesis de la sociedad de la información. El padrón electoral de los partidos políticos que maneja la Junta Central Electoral es en su generalidad una mayoría semi cualificada de profesionales medios, técnicos que amplían sus cuotas de empleo y seguirán representando en su conjunto el interés de ejecutivos y representantes de las distintas denominaciones del estatus quo. Si examinamos con mayor rigor este argumento podemos advertir que la sociedad de la información podría polarizar con la decreciente estructura política dada la profunda desconexión de los partidos y la población especialmente los que son cuotas y por tanto dirigentes inorgánicos. En el caso del PRM, partido este que preselecciono a Hipólito Mejía y a Luis Abinader como candidatos presidenciales y los confronto en una elección interna, el resultado final fue de una votación aproximada de 200 mil votantes. Esa organización política a través del candidato Abinader obtuvo al 2016 algo más de 1 millón de votos. Como pudo lograr más de 1 millón de votos frente al PLD si a lo interno de su partido, para obtener la candidatura presidencial, obtuvo aproximadamente 200 mil votos ¿, es una sugerencia que hacemos al lector como modo de reflexión. El análisis político actual de la opinión publica corporativa que agrupa a propietarios de medios de comunicación, entre ellos periódicos, coincide en advertir un descenso del crecimiento de los partidos con mayor rapidez que las proyecciones del crecimiento económico sin desarrollo. Estas consideraciones no son absolutas como tampoco es infalible el padrón del PRD y del PRSC, por ejemplo. Muchos analistas como Miguel Franjul, un excelente observador político, poseen conclusiones que requieren, en general, de una formación superior, contando que las clases medias están en una escala superior de la información respecto de la media general. Por tanto, la automatización de la política requerirá de una cualificación por encima de la teoría populista actual. Por otra parte, la relajación institucional de los partidos pasa por un momento histórico político marcado por graves síntomas de verticalismo y negación de los derechos fundamentales de los individuos como lo fue la preselección en masa y de manera unilateral de las 4 mil 300 plazas congresionales y municipales al 2016. Ese solo movimiento de las elites políticas de RD excluyo de golpe y porrazo a cerca de 20 mil militantes. Pero, las proyecciones del mercado de opinión establecen, de acuerdo con las predicciones, una disminución gradual de los niveles de confianza en las autoridades públicas. Para tratar de proporcionar una visión sintética de los cambios proyectados en la estructura electoral de los partidos de elites, calculemos en detalle las declaraciones dadas por el Dr. Franklin Almeyda, destacado dirigente del PLD, sobre la necesaria participación de Hipólito Mejía en el PRM, para activar ese partido. Como observaran, un miembro de un partido oficialista preocupado por la inercia de la oposición, sugiriendo ideas para evitar el colapso del sistema. En la misma tónica actúa el presidente del PLD, Leonel Fernández, al establecer que ante el vacío político de la oposición el PLD tendrá que fabricar un contrincante. Puesto que esos dos grupos políticos liderados por Danilo Medina y Leonel Fernández están enfrentados y representan el 95 por ciento del electorado y en las boletas presidenciales del PRD y del PRSC, es posible que al año 2020, mirando desde el año 2012, el rostro de un extra-partido se encuentre en las boletas del PLD, PRD y PRSC. Y es que estamos siendo testigos de excepción, probablemente, de la desaparición del 50 por ciento de los partidos políticos dominicanos como consecuencia de la desaparición institucional del PRD y del PRSC. Estos profundos cambios soci0 – demográficos y políticos experimentados en los últimos 10 años prevalecerán hasta bien entrado el siglo 21. De hecho, esta crisis sistémica no es más que una profunda grieta de exclusión social supondrá una amplia desocupación por empleo, en proyección. El rasgo más significativo de estas proyecciones son los NI NIS. En términos generales, con la excepción del PQDC de Elías Wessin Chávez, de la FNP de Pelegrín Castillo, de Alianza por la Democracia de Max Puig y de Alianza País de Guillermo Moreno, se prevé que la estructura electoral crezca con el voto electrónico y la digitalización por circunscripciones, a menos de que se esté verificando una vez más una transición gradual al paradigma tradicional, sin que tengan que desaparecer. Y en realidad, lo dudo mucho. Se espera que otros actores como la sociedad civil, los medios y los empresarios favorezcan candidaturas independientes. Así pues, las proyecciones al 2012, sobre la estructura electoral que tendrá innovación, el voto preferencial de regidores, alcaldes, diputados y senadores, en diferentes fechas de sufragio, supone la reducción del soborno por votos, aunque no disminuye su penetración dada la capacidad de manipulación de las encuestas y la concentración de medios en pocas manos. En cuanto al paradigma informacional, me cuesta acá repetir lo que hemos venido advirtiendo sobre la necesidad de que cada aspirante levante un censo de información digital propio y pueda generar su propia estructura electoral con trabajo político por circunscripciones. En realidad, creemos que la proyección indica que será indispensable el uso de la información y de la inteligencia de una manera más intensiva. No creo que las cosas sigan el derrotero como hasta ahora. Si creo que el 50 por ciento de los partidos desaparecerá. Es muy caro e inútil ese sistema electoral como está planteado. Y es que no existe un padrón real.

Los líderes mediáticos de la sociedad civil multinacional pro-EU, aunque inspirados por razones corporativas son mucho mas jerárquicos que los líderes de los partidos políticos. Su principal tendencia ideológica es el transnacionalismo y su principal característica es el respaldo a un holding poseído por empresas. Además, la tendencia de las ONGs es que son burocracias comerciales controladas a control remoto desde Washington o, en todo caso, por los gobiernos. Eso depende. La familia fundadora, por ejemplo, conserva un estrecho control mediante el nombramiento, para los altos cargos de su administración, de los miembros de la familia, conocidos del anillo y amigos íntimos. Las oenegés corporativas reciben 1500 millones de pesos anuales en contrapartidas estatales. Las oenegés medianas y las más pequeñas desempeñan un papel secundario, a diferencia de lo que ocurre con el CONEP. La mayoría de los miembros de la cámara de comercio dominico americana, por ejemplo, funcionan bajo una jerarquía coordinada, en su dirección suprema y centralizada, reproduciendo a menudo su estilo neoliberal que llevaron a sus patrocinadores estatales, sobre todo después de 1982, a la bancarrota. Participación Ciudadana es multisectorial y sus directivos se rotan o transfieren sus liderazgos de un sector a otro, con lo que se aseguran la unidad de la estrategia mediática o judicial y por supuesto el intercambio de experiencias. Los de FINJUS, por ejemplo, figuran hoy en día como la infantería nuclear del sistema financiero solo que son más bulteros. Aunque juntos no representan más que el interés de clase que los auspicia. La mayoría de sus relaciones con la ciudadanía se basa sobre todo en la premisa del capital de la familia, los contratos en conflicto y las subcontrataciones desempeñadas. A lo largo de las competencias con otros grupos marginales de sociedad civil, desconfían de los políticos. Su mercado político- económico lo determina el posicionamiento en las principales portadas de los noticieros de televisión y de los periódicos digitales donde ellos poseen un sólido liderazgo virtual. Poseen redes sociales de información y grupos mediáticos cuyas obligaciones mutuas son cada vez más predecibles ya que trabajan más por el interés en conflicto que por reciprocidad o solidaridad. Sus prácticas laborales también siguen un modelo de exclusión matizado por la alta concentración de capitales. Como en República Dominicana no existen regulaciones que se cumplan ellos desechan los derechos de los trabajadores, dependiendo de la doble contabilidad de sus empresas. Las oenegés existen gracias a la disrupción de los partidos políticos, al agrietamiento de la sociedad y al afianzamiento de la derechización de los mismos. Desempeñan una labor patriarcal y geopolítica aun cuando son aún más intensos en política que la mayoría de los líderes empresariales en sus empresas. Su trabajo esencial consiste en una especie de lobísmo sin compromiso cuyas directrices son a control remoto. Las demás oenegés de sociedad civil son marginales y otras de mucho valor, en tanto representan aspectos sociales. Muchas oenegés se han ganado la desconfianza de la población. Obedientes a su mano de obra, la sociedad civil multinacional desmiente su tendencia foránea y atribuye esto último a una ideología de relaciones industriales. No poseen identidad política, aunque utilizan a las falsas izquierdas corporativistas aliadas al PRM y uno que otro aventurero. Los restantes líderes de la sociedad civil poseen profundas contradicciones con sus propios burócratas y sus preocupaciones son más bien personales o de familia. La organización empresarial dominicana se basa en varias firmas familiares en una y sus redes de negocios no son más que redes intersectoriales que suelen estar controladas por una familia tradicional. Aunque la mayor parte de ellos posee formación y su desarrollo les permite asegurar cuotas de participación, en el desbalance socio económico, sus preocupaciones siguen siendo particulares. Resulta interesante analizar la sociedad civil y a sus empresas. El componente clave de su participación activa en política es el facilismo. Cuando prosperan fundan otras compañías para aumentar los beneficios de los oligopolios. Así pues, una vez han acumulado suficiente riqueza esta se divide entre sus miembros, que a su vez la invierten en otros negocios familiares. Con mucha frecuencia, la inversión económica del proyecto carece de una relación directa con la actividad de la firma original. Son castas. A veces, el modelo de creación de nuevas empresas, cuando la familia aumenta, la riqueza es intra generacional. Pero, si esto no contribuye a su crecimiento, respecto de otras familias, basan su estrategia en la sucesión patrilineal y el reparto equitativo de la herencia entre los hijos quienes a su vez recibirán los activos familiares para iniciar su propia empresa sin pagar impuestos. A pesar de las frecuentes rivalidades intrafamiliares, la confianza va más allá del capital y el ciclo parasitario comienza de nuevo. Una y otra vez. De este modo, las familias prosperan aun quebrando, creando nuevas firmas, en cualquier sector comercial, socializando las pérdidas y traspasándolas al consumidor. Las firmas familiares se codean con intelectuales inorgánicos o no, mediante acuerdos legales temporales y diversifican su poder social mediante conexiones de amigos en los gobiernos, intercambiando información y porcentajes. De este modo, la estructura organizacional dependerá de los puestos o cargos ya centralizados. Como Los intelectuales no son miembros de las familias tienden a ser representantes informales de la oligarquía de turno dominante con acciones compartidas. La sociedad civil dominicana es verdaderamente muy subdesarrollada en su conjunto, en cuanto a su pensamiento político, a tal punto que para resolver cualquier problema se requiere de un préstamo personal o alguna dadiva en el mercado de valores. En grupos oligárquicos como esos, no se esperan lealtades de parte de los trabajadores, ya que su ideal es crear sus propias empresas, por lo que se sospecha de ellos como futuros competidores. Los puestos directivos en la sociedad civil son a corto plazo y sin compromisos, lo que dificulta la planificación de la próxima huelga, por ejemplo. Por otra parte, la extrema centralización e inflexibilidad de ese sistema de castas impide ajustes rápidos a la movilidad social, a los nuevos procesos de desarrollo y a los nuevos mercados. El punto débil de la sociedad civil dominicana es que no posee conciencia de clase ni identificación socio política. No soportan la competencia en el mercado ni las transformaciones desde el estado. El facilismo empresarial dominicano solo fue parte, si bien consustancial, de la historia del éxito de la oligarquía norteamericana. Tras tantos fracasos históricos tuvo la inteligencia de proporcionar confianza e información a sus empresas sin sofocar totalmente la democracia. Cuando el poder y la riqueza se debían más a la productividad y a la socialización de la burocracia que a su propio país hicieron filas con su interés de clase. Así pues, su organización económica se basa en redes empresariales tanto formales como informales. Pero existen diferentes consideraciones político-culturales entre las distintas sociedades civiles que han surgido con una lógica patrimonial. Esa similitud con el neoliberalismo latinoamericano puede remontarse hasta las características culturales de la extrema derecha de posguerra en el hemisferio. Aunque a veces resulta un argumento demasiado indeterminado por su falta de especificidad, decir que la derecha dominicana es global, en comparación con sus pares latinoamericanos, no es una exageración, en tanto que sus tendencias son comunes. Y si la jerarquía de Participación Ciudadana coincide con la MUD oligárquica de la oposición de adecos y copeyanos de Venezuela podríamos relacionar su confianza y reputación en Washington a menos que la constitución sea tratada como una regla en los tratados de libre mercado. La sociedad civil multinacional es impostora.

La globalización de los mercados y el espectacular cambio tecnológico que vuelva cada día de otro más obsoleto obliga a ponerse constantemente al día a los teóricos en información sobre los procesos histórico-políticos y sobre los productos sociales y económicos. En semejante contexto, la colaboración no es solo un medio de compartir impresiones y recursos sino también una póliza de seguros contra una decisión socio política desacertada. Las consecuencias de tal decisión también serán sufridas por los competidores ya que las redes sociales son ubicas y están entrelazadas. Resulta interesante que para que una red social pueda mantener la audiencia del mercado deberá plantear una nueva ideología de mercado. Y es que los efectos organizativos de este mercado de información y opinión son exactamente opuestos a la teoría económica neoclásica del liberalismo político y se sugiere el uso intensivo de la tecnología. La globalización de la información es una especie de telaraña del tamaño del mercado que induce hacia un alcance de redes multi direccionales que se convierten en una unidad operativa real. El aumento de la audiencia, debido a la complejidad neurológica del fenómeno y su incorporación geométrica exterioriza y distribuye los intereses a su efecto de una manera geográfica, con lo que sin duda se aumenta la certidumbre de la noticia y posibilita que se extienda global y localmente y se comparta. Así pues, o bien la explicación corriente de los teóricos convencionales, basada en los fundamentos de las teorías neoclásicas de posguerra, es errónea, o los datos disponibles sobre el surgimiento de las redes sociales en política, por ejemplo, son incompletos. Por lo tanto, el nuevo fenómeno de las redes sociales, sus formas de organización parecen estar floreciendo en varios segmentos poblacionales y en diversos contextos socio económicos en torno a líneas horizontales de mando que parecen relacionarse estructuralmente con el funcionamiento de la economía informacional global. Esa tendencia no significa que estemos reemplazando el modelo socio político de organización, sino que las nuevas culturas están definiendo la interacción desde un modelo a otro. Es previsible el enorme crecimiento exponencial respecto de las antiguas formas de organización. Y es que sus bases tecnológicas están cambiando radicalmente los rasgos institucionales de los viejos partidos de posguerra. La arquitectura organizativa de las plataformas de redes sociales y su composición social, que se está formando por todos los municipios del país, resultan influidas por las características regionales de las sociedades urbano-rurales en las que se insertan. Por ejemplo, el contenido de las redes sociales y su simultaneidad global y local no dependen de una matriz informacional ni de sus elites culturales y educativas lo que reduce la tendencia hacia la dependencia de los monopolios y su estrategia esta dictada por sus referentes múltiples de producción. Las redes sociales se están incorporando gradualmente a la industria del capitalismo de la información en torno a ideas en plataformas de redes de alta tecnología y conocimiento acercándose a la construcción de ciencia, que tiende a convertirse en una matriz de información privilegiada. Y eso es poder. La incorporación gradual de este movimiento social de características ciudadanas se ha visto favorecida por una universalidad heterogénea dominada por ideas progresistas, conservadoras o no, democráticas y de izquierdas. En otras palabras, la construcción de nuevas alianzas sociales es cada vez más internacional que no transaccional y sus intereses regionales son el resultado de una conducta de interacción local y ya no puede decirse que se caracteriza por centrarse en el control ideológico o político sobre la mayoría de sus competidores, si es que los hay. Y es así porque la competencia no existe como tal en tanto y tanto este movimiento social se ha transformado en múltiples redes diseminadas en múltiples entornos sociales. Sigue existiendo el poder como vieja forma de control, pero este se ejerce fortuitamente. Los teóricos convencionales siguen especulando sobre el crecimiento de las redes sociales, pero sus cálculos puramente económicos quedan obstaculizados por la dependencia de ecuaciones insolubles sobre determinadas por demasiadas variables sociológicas. La mano del mercado, de los economistas, y el férreo control de parte de las elites de los partidos políticos se está derrumbando

cuando cada día se hace más visible la invisibilidad. Pero esta vez
su lógica estructural no solo la gobierna la oferta y la demanda,
sino que también las redes sociales están influidas por estrategias
y descubrimientos indecibles, interpretados en la opinión pública de la información. No digamos más, las redes sociales están
interpretando el ensayo de Max Weber, La ética protestante y el
espíritu del capitalismo, publicado originalmente entre 1904 y
1905. Es decir, superando la piedra angular metodológica de
todo intento teórico de captar la esencia de las transformaciones
culturales e institucionales que en la historia son el preludio
de un nuevo paradigma revolucionario de organización social,
político y economía. Las redes sociales han ensenado que se
puede comprender el análisis sociológico desde una perspectiva
universal.

En el siglo 21 hay políticos tradicionales que se desplazan de
unos partidos a otros, mientras se crean las condiciones para el
ingreso de otros nuevos, pero la relación cuantitativa entre deserciones y transfuguismo variara de unos intereses, presupuestos,
empleos, nombramientos, sectores, sociedad civil, dependiendo
la competitividad, las estrategias mediáticas, las políticas gubernamentales, el entorno institucional y la posición relativa de la
socialización. El resultado social especifico de este tipo de interacción de la política con el mercado de capitales y su interés
electoral dependerá en buena medida de factores macroeconómicos y contextos sociopolíticos. En general, las proyecciones
de los políticos dominicanos y su potencialidad prevén un
aumento de las divisiones internas, de desplazamientos y éxodos
constantes, de un lado para otro, y un incremento moderado de

la conveniencia entre elites. Ese es precisamente el argumento de este artículo. La evolución social de los partidos políticos dominicanos no es un dato fijo o un argumento estático como para anticipar un derrumbamiento del sistema populista a tasas desproporcionadas dado que las variaciones de la economía dominicana proyectan estadísticas socio demográficas estables. Dependerá en buena medida de las decisiones determinadas por la sociedad política, sobre los usos de la tecnología, sus aspectos socio culturales y una tasa de desocupación cuyo ciclo vital sea muy sensible a la variación global del neoliberalismo, la evolución de la crisis de valores en la familia, en cuanto a su distribución, la caída de la jornada laboral, en el ciclo vital de productividad y el nuevo sistema de interrelaciones sociales. Así pues, la tecnología de la información por sí misma no causará movilidad, aunque reducirá el tiempo de trabajo por individuo, limitando los costos. Pero, en el paradigma socio político del populismo, el tipo de transfuguismo cambiara en cantidad y calidad y en cuanto a la naturaleza del trabajo que se realizara dependiendo de la necesidad del individuo. Asimismo, como la economía informacional es global, el desempleo entre la población, especialmente entre mujeres, y algunas regiones del país, como Santiago de los Caballeros, por ejemplo, podría convertirse, en efecto, en una zona electoral de competencias reales si no se restringe la competencia y si el modo de regular la relación entre el capital y el trabajo no se transforman. Lo mismo puedo decir sobre la provincia de Santo Domingo y San Francisco de Macorís. El endurecimiento de la lógica clientelar ha fomentado la polarización PLD - PRM a pesar de la mejoría ocupacional. Esta tendencia electoral no es irreversible ya que el PRD podría rectificar por políticas deliberadas dirigidas a reequilibrar la estructura social. Pero, dejadas por su cuenta, las fuerzas políticas de oposición empujarían la división socio política sin restricciones fomentando el éxodo masivo desde el PRSC al PLD y desde la sociedad civil al oficialismo. La flexibilidad de estos procesos sociológicos es inducida por los mercados laborales que afectan profundamente las relaciones sociales de producción heredadas del pos-industrialismo trujillista, introduciendo un nuevo modelo de transferencia flexible y un nuevo tipo de político clientela. Las tendencias hacia el año 2020, mirando desde el 2012, serán inducidas por la competencia y aceleradas por la presencia de nuevos actores y paradigmas transnacionales. Se pretende descentralizar a los partidos políticos sistémicos transformando el viejo contrato social. La categoría de crecimiento de los políticos de oposición dependerá de las alianzas municipales y el tiempo parcial de sus actividades proselitistas. La nueva organización social y económica basada en las tecnologías de la información permiten, al mismo tiempo, la descentralización de la burocracia administrativa del modelo político creando redes interactivas en tiempo real, ya sea entre continentes o entre vecinos, auto gestiona las consultorías y permite la reducción del tamaño de la participación. Pero, Republica Dominicana es diferente al resto de los países del hemisferio occidental. Aunque no tanto como los observadores de las clases medias suponen o suelen pensar. Y es que, toda estructura política que pretenda explicar nuevos fenómenos históricos y con ello marcar tendencias en la organización del trabajo debe ser capaz de tomar en cuenta la excepcionalidad de la situación geopolítica de la Isla que es demasiado importante para EU como para dejarla de lado en el análisis, sin pretender nunca que sea una excepción a la regla o una rareza para la teoría comparativa. No obstante, Republica Dominicana es muy diferente, antropológica y políticamente hablando al resto. Así pues, consideremos ese detalle.

Su estructura social, por ejemplo, se caracteriza por una diversidad interna, así como por un patrón complejo de situaciones fluidas que se resisten a la generalización y a su estandarización. Para la mayor parte de los analistas de la contemporaneidad, de esos que uno lee a menudo y que se encuentran en el sistema, el modelo de partidos políticos dominicanos significa simplemente un conglomerado de intereses e individuos que como en las empresas privadas luchan por jubilarse al más corto plazo, en circunstancias comunes, como si fuera un asunto de costumbre, no de derechos. Y en gran medida tienen razón solo que esa práctica es utilizada por una ínfima minoría del aparato lo que limita. De hecho, ese es el núcleo de la desestabilización. Así pues, en la superficie, la sociedad dominicana se está dializando, con un crecimiento considerable del vértice económico y la base política, en ambos extremos de la polarización oficialismo - oposición, reduciendo en gran medida la parte media de las movilizaciones con un ritmo tan acelerado que dependerá del congreso la suerte de la oposición. Cada día se acerca al abismo político. Pero, en el fondo de la estructura social naciente, el cambio generacional influirá en la participación pues se ha desatado un proceso más fundamental. Es decir, la desagregación de las militancias que marca el comienzo de la sociedad RED.

Los grupos fundamentalistas de la sociedad civil multinacional y de las falsas izquierdas neoliberales, las milicias de vanguardias de USAID en el hemisferio Occidental, son pioneros en la guerra de contra información, de guerra psicológica, en el nuevo entramado de la guerra de comercial. La democracia representativa de posguerra queda resaltada mediante vastos y complejísimos procedimientos informacionales organizados a través de los ciudadanos, quienes debaten con el uso intensivo de la tecnología, asuntos públicos y hacen saber sus sentimientos al gobierno local en un encarnizado debate sobre las carencias del país o los NI NIS sin techo como resultado de un vago experimento coyuntural de descredito. Más allá de la integración social ocasional y los usos instrumentales de la comunicación a través de las redes sociales, los observadores han detectado el fenómeno de la formación de comunidades virtuales. En concordancia con el argumento de los estrategas de la sociedad civil multinacional, por ellas suele entenderse una red electrónica autodefinida de comunicación interactiva, organizada en torno a un interés o propósito compartido, aunque a veces la comunicación se convierte en sí misma en la meta corporativa de esos grupos de intereses, está surgiendo un contra peso social. Esas comunidades mediáticas pueden estar relativamente organizadas o formalizadas, como es el caso de la oferta de insultos y campañas sucias en las redes, o los sistemas de descredito, que a veces suelen formarse de modo espontaneo por plataformas afines que siguen entrando en el sistema para enviar y recuperar mensajes políticos encriptados con una pauta temporal elegida ya sea en tiempo real o demorado. Decenas de miles de mensajes son enviados aun cuando aún no existen los suficientes analistas, pero su alcance e importancia política se hace cada vez más global. Aún no está claro cuanta sociabilidad real se está creando en las redes sociales ni cuantos ni cuáles son los efectos materiales de su geometría política, al tratarse de una comunidad tan nueva. No obstante, cabe destacar un rasgo. Estas redes sociales son efímeras en lo que respecta a los participantes si no va acompañado de una acción social o una socialización planificada. Aunque sus actividades luzcan virtuales los múltiples anuncios diseminados crean un efecto neurológico en el emisor y en el receptor que generan unas expectativas de usuarios esporádicos que, según la corriente de información, cambian de pareceres y sus intereses se transforman sin cumplirse las expectativas. Pero cambian, ya que la mitad de la gente entra y sale de las redes según cambian sus intereses personales aun vivan en una población virtual. Para algunos analistas del mundo análogo, sobre todo los de formación terciaria nacidos en 1960 - 1980 lo relevante es el medio escrito, el retorno de la mente tipográfica del siglo 19 y la recuperación del discurso racional y construido. Pero eso ya cambio. Para otros, por el contrario, la informalidad teórica, la espontaneidad y su relativismo, así como el anonimato de las redes sociales estimulan lo que ahora se denomina una nueva fuerza de oralidad, expresada por un texto electrónico. Si cabe considerar esta conducta una escritura informal no construida como información veraz, eso no importa. Quizá podamos proveer el surgimiento de una generación robotizada en tanto la lecto- escritura actual mezcla formas de comunicación con distintos dominios de superficialidad cognoscitiva. Los efectos sociales de las redes electrónicas y su trascendencia socio -cultural deberían tener presente la investigación sociológica acumulada sobre los usos sociales de la tecnología. La sociedad civil multinacional instrumentaliza la política explotando la tecnología, fomentando una especie de teoría de caos con arraigados hábitos transnacionales. Por lo tanto, este tipo de comunicación puede ser un medio poderoso para reforzar la cohesión social cosmopolita pero no para ganar elecciones o transformar un sistema político. En contraste, para la mayoría de la población de clases medias de todos los países, más allá del lugar del trabajo, la experiencia y los usos de comunicación a través del teléfono inteligente cada vez más se entrecruzará con el nuevo mundo de comunicación asociado al surgimiento de los multimedia. En definitiva, utilizar las redes sociales como mecanismo de contra campana en la esperanza de que resulte útil a nuestros intereses dependerá básicamente de la capacidad organizativa y de planificación socio política de los creativos y no así de un interés mediático corporativo en específico. Por último, quizás, el rasgo más importante del multimedia sea que captura la verdad como la mentira o la manipulación al instante como expresión cultural de su compleja diversidad. Su advenimiento equivale a poner fin a la estratificación, e incluso romper con la distinción clasista del siglo 18. Entre los cientistas sociales contemporáneos la definición que se tiene sobre los medios audiovisuales, su visión de la industria del entretenimiento, medios impresos, información, educación o persuasión es vaga. Toda expresión socio- cultural, de la peor o de la mejor, de la más elitista a la más popular, se reúne en este universo digital que son las redes sociales, que conectan en un segmento de súper textos historicistas, de una gigantesca capacidad analítica que nos lleva al pasado, nos trae al presente y nos ubica en el futuro. Al hacerlo, la sociedad red está construyendo un nuevo entorno simbólico. Hace de la virtualidad nuestra realidad.

La irrenunciabilidad del estado en materia de derechos humanos y del respeto a las garantías constitucionales de las minorías debe constituir un fin fundamental de la adaptación al ritmo del cambio social. En el tema que abordamos tengamos siempre presente la idea de Juan Bosch quien sostenía que la constitución es un medio para que el país realice su proyecto, su destino. De esta manera, el país debe ser visto como una gran democracia política y todas las políticas públicas deberían vehicularse por lo constitucional. Por otra parte, la aceleración del proceso de cambio socio político requiere que la sociedad dote a sus componentes de los elementos institucionales necesarios para absorber adecuadamente ese proceso de transformación constante. mayorías y de el mismo. Los derechos humanos significan un impulso racional y programado para el incremento cualitativo de las aptitudes y capacidades democráticas de la población y este hecho de carácter histórico no necesita comprobación para sostener que la inversión en la educación técnico vocacional resulta la más distributiva que pueda efectuarse. Las orientaciones básicas en materia constitucional deben ser definidas por el estado y la sociedad a través de un proceso participativo y democrático, aunque esa determinación solo será válida y eficiente en la medida en que sea el resultado de una toma de conciencia social y política generalizada acerca de la importancia y urgencia de la cuestión y de un debate en el que tomen parte todos los sectores sociales. Es falta de sentido común, por anacrónico, hablar de exclusivismos clasistas en materia de derechos humanos. Por cierto, que la educación estatal debería girar sobre la base de los principios de la laicidad, gratuidad y obligatoriedad no está en discusión. A ello deben agregarse los intereses de la educación e intereses privados, pero ambas deben servir a un programa de desarrollo común que será el resultado del análisis conjunto que concretará la política nacional de educación. De allí que todas las energías posibles deben ser utilizadas para esta fundamental prioridad pues la educación pública en materia constitucional constituye un problema nacional que definirá históricamente el carácter de la democracia participativa del futuro, pues sin una adecuada evolución socio- cultural nos instalaremos definitivamente en la postergación. Desde luego que toda política educacional de masas debe partir de una concepción ética. El desarrollo tecnológico y científico y su aprovechamiento deben tener límites precisos, basados en una concepción respetuosa de los derechos humanos. Constituye un error analizar la política nacional desde un ámbito exclusivamente economicista, es decir, desde la concepción del crecimiento económico dado que la participación cívica es fundamental como garantía frente a esas tendencias elitistas, reaccionarias y descarnadamente utilitarias. La democracia social desde esta concepción debe tener dos prioridades importantes. La primera, que no debe concebirse como una etapa temporal de la historia contemporánea limitada a la cosmovisión de las elites o de la vida. Por el contrario, cada uno de nosotros debe aprender de manera constante pues los cambios socio culturales van muy rápido y se producen continuamente. En segundo lugar, todos los elementos que la sociedad utilice para la transformación cultural de los partidos políticos y la de sus integrantes deben colocar en un plano superior de cualquier otro aspecto la dignidad e integridad del hombre y la defensa de su autonomía, sus derechos de decisión como los objetivos más trascendentes. En una palabra, siempre debe educarse para la libertad. Realizada esta introducción general vemos que el desarrollo económico es injusto si no lo acompaña el progreso social. Uno de sus aspectos esenciales es el acceso a la educación y la permanencia en ella, con igualdad de posibilidades y oportunidades para todos. Esta es una tarea que la sociedad no debe declinar. Ello entraña la adopción de estrategias políticas más adecuadas que reviertan la tendencia actual del populismo mediático, se afiancen los valores sociales que caracterizan a nuestra democracia política y que la promoción de la participación popular siempre se constituya en la elevación de los niveles científicos y técnicos para la mejora de vida y el desarrollo del país. Si ello no es posible, fracasaremos y el precio del fracaso es la oscuridad.

Debido a la baja definición ideológica de los líderes de los partidos políticos, los observadores más agudos de los medios de comunicación de masas tienen que llenar los huecos de la opinión publica corporativa con titulares sensacionalistas, con lo que entonces participan de forma más emocional, con el hombre común, que, paradójicamente es un rehén del plan geopolítico de las corporaciones, la plutocracia y la oligarquía. Estos puntos de vista no contradicen la hipótesis de USAID, puesto que la opinión publica corporativa no contradice la hipótesis de la judicialización de la política, al ser la oposición política, el oficialismo y sus intereses, un mal necesario. Por ello, el periodista Juan Bolívar Díaz, un estudioso de los medios de comunicación, considera que la opinión publica corporativa global representa una ruptura histórica con la mente tipográfica. Mientras que los analistas que basan sus argumentos en aspectos constitucionalistas favorecen la exposición sistemática de los conflictos, sobre la base de la demostración. Un sector de opinión pública de la sociedad civil multinacional se adapta mejor al empresariado o a alguna conversación extraoficial ocasional. La tipografía del constitucionalismo representa un muro de contención posible hacia la exposición mediática. Algo así como oponerse a una capacidad sofisticada de pensar conceptual, deductiva y secuencialmente. Es decir, una elevada valoración de la razón y el derecho a la inocencia. Una aversión hacia la contradicción banal, una gran capacidad de distanciamiento de la coyuntura y objetividad hacia los grupos económicos en conflicto. El constitucionalismo es una tolerancia hacia una respuesta partidaria postergada. Mientras que la sociedad civil multinacional es la supra ideología de todo discurso en la televisión o de los mercados, no importa que interés corporativo represente, o desde que punto de vista se asocie, la presunción general de inocencia o no, muestra su diversión, subjetividad y placer en la manipulación. Más allá de las naturales discrepancias políticas entre oficialismo y oposición, acerca de las implicaciones socio políticas y económicas de la sociedad civil multinacional y sus vínculos con Transparencia Internacional, USAID de los EU, o de la creencia de cualquier editorial salido de los monopolios de la información, los argumentos a favor de este tipo de sociedad, en verdad, son insuficientes. Algunos críticos, entre los que me incluyo, creemos que la opinión publica actual converge hacia 2 puntos fundamentales. De lo psicológico, caracterizado por su capacidad de manipulación, hasta la materialización de la simulación sensorial. Es decir, la negación de la realidad y su fácil comunicación, la falsificación de la participación, a lo largo de las líneas discursivas del relativismo. En las tres últimas décadas ha habido una explosión de la opinión publica amarillista en todo el hemisferio. El contacto de las elites de los partidos políticos, sus vínculos económicos con los empresarios, el aislamiento total de sus militancias, la relación Estado – Empresa, con los grupos económicos corporativistas, es acumulativo. De todos modos, el patrón de conducta predominante en la sociedad del capitalismo de la información parece establecer que el consumo de información es la segunda categoría mayor de actividad entre mujeres y jóvenes de entre 18 y 35 años. El consumo de información es la actividad predominante entre los dominicanos de todos los estratos sociales. Suele mezclarse con deportes, ocio, telenovelas brasileñas o mejicanas, la realización de campañas masivas de descredito con opiniones predecibles, con informaciones sesgadas, con la interacción de nuevos agentes foráneos. La mentira es la presencia de fondo constante en las redacciones de los periódicos y en el ejercicio diario de la comunicación política, como una religión. Vivimos por los medios y para los medios. Un rasgo característico del populismo mediático es su extremismo, su superficialidad, tan subliminal como se pueda, sin conclusión conceptual alguna. Aunque la situación actual en República Dominicana no es tan extrema como en otras sociedades tercermundistas, los monopolios de la información reducen el tamaño de la razón a la cosificación dado los intereses oligárquicos y de clase en juego. Cabría suponer que, entonces, en ese escenario, la sociedad civil multinacional, los partidos políticos y la sociedad interactúan como pivote del interés en conflicto o de cualquier interés de clase. No importa. No obstante, la mayor parte de las investigaciones mediáticas especifican la conducta social de esa capital golondrina. Tras revisar sus estrategias de comunicación hemos concluido que su conducta es una visión irónica del juego doble de la especulación para unas empresas que viven de la confianza social, en tanto negocio. El tema clave es que mientras los medios corporativistas y sus monopolios son un sistema de perpetuación de los intereses de sus propietarios, de un sentido único, el proceso de comunicación real no lo es, sino que depende de la interacción del emisor y el receptor en la interpretación del mensaje. En este caso, la sociedad civil multinacional y las elites de los partidos políticos interpretan los efectos de la opinión publica en audiencias segmentadas con efectos perniciosos para la institucionalidad democrática. Aunque a los historiadores y los investigadores empíricos de los medios de comunicación les parezca de sentido común esta afirmación, si se tomara en serio como se realizan estas agendas mediáticas, es obvio que el interés es socavar de forma decisiva los aspectos fundamentales de la realidad. Es una de las ironías de la historia intelectual de posguerra el que sean precisamente aquellos pensadores, que abogaban por la libertad democrática o el cambio social, quienes, a su vez, en el siglo 21, obstaculizan el desarrollo alterno de la sociedad excepto cuando se trata de la defensa de sus intereses de clase. Es como aceptar que la mentira, no importa de dónde provenga, sea aceptada por nuestra conciencia, como si fuera una experiencia real infalible. Un amplio sector de sociedad civil multinacional responde a intereses económicos y políticos tanto a gobiernos locales como extranjeros y poseen preferencias y simpatías individuales. La personificación de los objetos pasivos y su diferenciación individual penetra primordialmente las estaciones de radio y los estudios de televisión de manera irresponsable, mediante el guion proporcionado por los monopolios de la información.

El desarrollo social, económico y político de las sociedades del tercer mundo capitalista se puede sintetizar en la lucha de clases que estos nacientes estados libraron para lograr sus independencias y como lucharon para obtener sus garantías y derechos. El ejercicio pleno de sus libertades, por ante quienes detentaban el poder y conculcaban los derechos, se da en y hacia la consecución de tales objetivos. Estos objetivos requirieron el dictado de normas, en las que se reconocieran expresamente tales derechos. Hay quienes, desde indistintas tribunas, tanto desde las derechas como de las de izquierdas, asignan fundamental importancia a los acontecimientos que se produjeron entre 1930 y 1978, en la transición de la posguerra entre 1978 y desde 1996 al siglo 21 sin yuxtaponer los hechos, sin contrastar las causas y consecuencias como si el año 2010 no fuera una consecuencia histórica directa. Es en 2010 cuando se dictan nuevos instrumentos constitucionales que reconocen determinados derechos fundamentales. En República Dominicana, durante los doce años de Balaguer, 1966 - 1978, encontramos similares antecedentes, por los que se otorgaban determinados derechos, exenciones y privilegios a algunas personas o estamentos sociales en perjuicio de las mayorías. Estos acontecimientos histórico-sociales sirven de antecedentes del proceso denominado como el constitucionalismo moderno contemporáneo, pero se diferencian políticamente de este, porque solamente tenían ámbito teórico de reconocimiento. Significaban la concesión de la autoridad real de entonces ante la presión de un grupo o estamento social, especialmente la oligarquía terrateniente y su ideología colonialista cuyo carácter general carece de una dimensión universal dado que estas castas se circunscribían al sector que resultaba privilegiado. El periodo del constitucionalismo democrático nace con el dictado de las constituciones revolucionarias de 1844 y 1857 y tiene su máxima expresión socio política con la constitución ciudadana de 1963. Esta concepción social del estado nación fue la que mantuvo inquebrantable la defensa de la integridad territorial en 1965 frente a la invasión norteamericana, la que sostuvo y prolongo la guerra civil en el tiempo, y la que cuestiono la doctrina que la califico como una muestra de suicidio político. De la armónica compatibilización de las normas constitucionales se llega a la conclusión de que el estado nación se encuentra aún más alejado del hombre común, distante de la participación y, en la práctica, si bien tiene un nivel jerárquico inferior a la constitución, que es en teoría quien mantiene la supremacía sobre las leyes, el presidencialismo decide. De tal manera que esta verticalidad oligárquica se expresa en materia de exclusión de derechos humanos, sociales, y políticos.

Los grupos fundamentalistas de la sociedad civil multinacional y de las falsas izquierdas neoliberales, las milicias
de vanguardias de USAID en el hemisferio Occidental, son
pioneros en la guerra de información psicológica en el entramado de la guerra de contra información. La democracia
tecnológica de posguerra queda resaltada mediante vastos y
complejísimos procedimientos informacionales organizados a
través de los ciudadanos quienes debaten, con el uso intensivo
de la tecnología, asuntos públicos y hacen saber sus sentimientos al gobierno local en un encarnizado debate sobre las
carencias del país o los NI NIS sin techo como resultado de
un vago experimento coyuntural de descredito. Más allá de
la integración social ocasional y los usos instrumentales de la
comunicación a través de las redes sociales, los observadores
han detectado el fenómeno de la formación de comunidades
virtuales. La Red Social es una de ellas. En concordancia con el
argumento de los estrategas de la sociedad civil multinacional,
por ellas suele entenderse una red electrónica autodefinida de
comunicación interactiva, organizada en torno a un interés
o propósito compartido, aunque a veces la comunicación se
convierte en sí misma en la meta corporativa de esos grupos
de intereses. Esas comunidades mediáticas pueden estar relativamente organizadas o formalizadas, como es el caso de la
oferta de insultos en las redes sociales o los sistemas de descredito, o a veces suelen formarse de modo espontaneo por redes
sociales afines que siguen entrando en el sistema para enviar y
recuperar mensajes políticos encriptados con una pauta tem-

poral elegida ya sea en tiempo real o demorado. Decenas de miles de mensajes son enviados aun cuando aún no existen los suficientes analistas, pero su alcance e importancia política se hace cada vez más global. Aún no está claro cuanta sociabilidad real se está creando en las redes sociales ni cuantos ni cuáles son los efectos electrónicos de su geometría política, al tratarse de una comunidad tan nueva. No obstante, cabe destacar un rasgo. Estas redes sociales son efímeras en los que respecta a los participantes si no va acompañado de una acción social o una socialización en planificación. Aunque sus actividades luzcan virtuales los múltiples anuncios diseminados crean un efecto neurológico en el emisor y en el receptor que generan unas expectativas de usuarios esporádicos que según la corriente de información cambian de pareceres y sus intereses se transforman sin cumplirse las expectativas. Pero cambian, ya que la mitad de la gente entra y sale de las redes según cambian sus intereses personales aun vivan en una población virtual. Para algunos analistas del mundo análogo, sobre todo los de formación terciaria la venganza es el medio escrito, el retorno de la mente tipográfica y la recuperación del discurso racional y construido. Pero eso ya cambio. Para otros, por el contrario, la informalidad, la espontaneidad y el anonimato de las redes sociales estimulan lo que ahora se denomina una nueva fuerza de oralidad, expresada por un texto electrónico. Si cabe considerar esta conducta una escritura informal no construida como información veraz, eso no importa. Quizá podamos proveer el surgimiento de una generación robotizada en tanto la lectora escritura mezcla formas de comunicación con distintos dominios de superficialidad cognoscitiva. Los efectos sociales de las redes electrónicas y su trascendencia cultural deberían tener presente la investigación sociológica acumulada sobre los usos sociales de la tecnología. La sociedad civil multinacional instrumentaliza de forma manipulada la tecnología fomentando una especie de teoría de caos con arraigados hábitos sociales. Por lo tanto, este tipo de comunicación puede ser un medio poderoso para reforzar la cohesión social de la elite cosmopolita pero no para ganar elecciones o transformar un sistema político. En contraste, para la mayoría de la población de clases medias de todos los países, más allá del lugar del trabajo, la experiencia y los usos de comunicación a través del teléfono inteligente cada vez más se entrecruzará con el nuevo mundo de comunicación asociado con el surgimiento de los multimedia. En definitiva, utilizar las redes sociales como mecanismo de contra campana en la esperanza de que resulte útil a nuestros intereses dependerá básicamente de la capacidad organizativa y de planificación socio política de los creativos y no así de un interés mediático corporativo en específico. Por último, quizás, el rasgo más importante del multimedia sea que captura la verdad como la mentira o la manipulación al instante como expresión cultural de su diversidad compleja. Su advenimiento equivales a poner fin a la separación, e incluso a la distinción, entre medios audiovisuales, entretenimiento, medios impresos, información, educación y persuasión. Toda expresión cultural, de la peor o de la mejor, de la más elitista a la más popular, se reúne en este universo digital que son las redes sociales, que conectan en un segmento de súper textos historicista de una gigantesca capacidad que nos lleva al pasado, nos trae al presente y ubica el futuro. Al hacerlo, La Red Social construye un nuevo entorno simbólico. Hace de la virtualidad nuestra realidad. Los verdes deberían cambiar de rumbo.

En el siglo 21 hay políticos tradicionales que se desplazan de unos partidos a otros, mientras se crean las condiciones para el ingreso de otros nuevos, pero la relación cuantitativa entre deserciones y transfuguismo variara de unos intereses, presupuestos, empleos, nombramientos, sectores, sociedad civil, dependiendo la competitividad, las estrategias mediáticas, las políticas gubernamentales, el entorno institucional y la posición relativa de la socialización. El resultado social especifico de la interacción de la política con el mercado de capitales y su interés dependerá en buena medida de factores macroeconómicos y contextos sociopolíticos. En general, las proyecciones de los políticos dominicanos y su potencialidad prevén un aumento de las divisiones internas, de desplazamientos y éxodos constantes, de un lado para otro, y un incremento moderado de la conveniencia entre elites. Ese es precisamente el argumento de este artículo. La evolución social de los partidos políticos dominicanos no es un dato fijo o un argumento estático como para anticipar un derrumbamiento del sistema populista a tasas desproporcionadas dado que las variaciones de la economía dominicana proyectan estadísticas socio demográficas estables. Dependerá en buena medida de las decisiones determinadas por la sociedad política, sobre los usos de la tecnología, sus aspectos socio culturales y una tasa de desocupación cuyo ciclo vital sea muy sensible a la variación global del neoliberalismo, la evolución de la crisis de valores en la familia, en cuanto a su distribución, de la caída de la jornada laboral, en el ciclo vital de productividad y el nuevo sistema de interrelaciones sociales. Así pues, la tecnología de la información por sí misma no causará movilidad, aunque reducirá obviamente el tiempo de trabajo por individuo, limitando los costos. Pero, en el paradigma socio político del populismo, el tipo de transfuguismo cambiara en cantidad y calidad y en cuanto a la naturaleza del trabajo que se realiza dependiendo de la necesidad del individuo. Asimismo, como la economía informacional es global, el desempleo entre la población, especialmente entre mujeres, y algunas regiones del país, como Santiago de los Caballeros, por ejemplo, podría convertirse, en efecto, en una zona electoral de competencias reales si no se restringe la competencia y si el modo de regular la relación entre el capital y el trabajo no se transforman. Lo mismo puedo decir sobre la provincia de Santo Domingo y San Francisco de Macorís. El endurecimiento de la lógica clientelar ha fomentado la polarización PLD PRM a pesar de la mejoría ocupacional. Esta tendencia no es irreversible ya que el PRD podría rectificar por políticas deliberadas dirigidas a reequilibrar la estructura social. Pero, dejadas por su cuenta, las fuerzas políticas de oposición empujarían la división socio política sin restricciones fomentando el éxodo masivo desde el PRSC al PLD y desde la sociedad civil al oficialismo. La flexibilidad de estos procesos sociológicos es inducida por los mercados laborales que afectan profundamente las relaciones sociales de producción heredadas del pos-industrialismo trujillista, introduciendo un nuevo modelo de transferencia flexible y un nuevo tipo de político clientela. Las tendencias hacia el año 2020, inducidas por la competencia y la presencia de nuevos actores y paradigmas transnacionales pretende descentralizar a los partidos políticos sistémicos transformando el viejo contrato social. La categoría de crecimiento de los políticos de oposición dependerá de las alianzas municipales y el tiempo parcial de sus actividades. La nueva organización social y económica basada en las tecnologías de la información permiten, al mismo tiempo, la descentralización de la burocracia administrativa del modelo político creando redes interactivas en tiempo real, ya sea entre continentes o entre vecinos, consultorías y reducción del tamaño de la participación. Pero, Republica dominicana es diferente al resto de los países del Hemisferio Occidental, aunque no tanto como los observadores de la marcha verde suponen o suelen pensar. Y es que, toda estructura política que pretenda explicar nuevos fenómenos históricos y con ello marcar tendencias en la organización del trabajo, debe ser capaz de tomar en cuenta la excepcionalidad de la situación geopolítica de la Isla que es demasiado importante para EU como para dejarla de lado en el análisis, sin pretender nunca que sea una excepción a la regla o una rareza para la teoría comparativa. No obstante, Republica dominicana es muy diferente, antropológica y políticamente hablando al resto. Así pues, consideremos ese detalle. Su estructura social, por ejemplo, se caracteriza por una diversidad interna, así como por un patrón complejo de situaciones fluidas que se resisten a la generalización y a su estandarización. Para la mayor parte de los analistas de la oposición que se encuentran en el sistema, el modelo de partidos políticos dominicanos significa simplemente un conglomerado de intereses e individuos que como en las empresas privadas luchan por jubilarse al más corto plazo, en circunstancias comunes, como si fuera un asunto de costumbre, no de derechos. Y en gran medida tienen razón solo que esa práctica es utilizada por una ínfima minoría del aparato lo que limita, de hecho, el núcleo de la desestabilización. Así pues, en la superficie, la sociedad dominicana se está dializando, con un crecimiento considerable del vértice y la base, en ambos extremos de la polarización oficialismo oposición, reduciendo en gran medida la parte media de las movilizaciones con un ritmo tan acelerado que dependerá del oficialismo la suerte de la oposición que cada día se acerca al abismo político. Pero, en el fondo de la estructura social naciente, el cambio generacional influirá en la participación pues se ha desatado un proceso más fundamental. Es decir, la desagregación de las militancias que marca el comienzo de la sociedad RED. Apunte eso por ahí.

Capítulo III

En un momento determinado del primer tercio del siglo 21, la gran desigualdad social que separaba a las reducidas minorías gobernantes, modernizados u occidentales, de los estratos sociales y económicos de mayor ingreso, del resto de las clases medias y de los trabajadores empezó a colmarse fruto de la transformación social y cultural de la nueva sociedad. Aún desconocemos cómo ni cuándo la brecha se disparó ni cuando surgió ni que nuevas percepciones sociales políticas creo esta transformación ya que nuestro país carece de los servicios estadísticos gubernamentales adecuados o de los mecanismos necesarios para efectuar estudios de mercado o de opinión pública con investigaciones actualizadas sobre ciencia o tecnología o de los suficientes departamentos universitarios de ciencias sociales con estudiantes de doctorado o, en el mejor de los casos, de técnicos egresados de las escuelas vocacionales a los cuales poder emplear o mantener ocupados creando e innovando con patentes. En cualquier caso, lo que sucede con las comunidades de base de finales de la segunda década del siglo 21 es que para un contemporáneo siempre resultara difícil describir la actualidad, incluso en los países más documentados, hasta que ya el fenómeno que se debate en la cotidianidad ha sucedido lo cual explica porque las etapas iniciales de las nuevas modas sociales y culturales de jóvenes nacidos en 1990 , respecto de las costumbres y experiencias de los jóvenes que vivieron en los anos de 1970, por ejemplo. Resulta imprescindible, y a menudo el debate actual se vuelve prácticamente irreconocible, incluso para quienes viven en la época actual, como para quienes se dedican a la industria de la cultura popular, e incluso para la generación de sus padres. Lo que está pasando más allá de la narrativa dominante, más allá de las conciencias de las élites de la sociedad dominicana era el fenómeno de la concientización social desarrollada instintivamente por cada vez mayor cantidad de dominicanos interconectados a las redes sociales cuya actitud refleja independencia. Aunque hasta entonces sean marginales, desde el punto de vista político. Y, aun cuando permanezcan con una actitud hostil al Estado persiste en sus argumentos la idea de que el actual modelo económico no les facilita una educación y unos puestos de trabajo suficientes. Para el ojo de la mayoría de los observadores más instruidos de esta época el modelo se agotó. Las grandes cadenas de televisión y radio informaban al mundo de la sociedad web cuales eran nuestras cerradas políticas de empleos, brechas tecnológicas y niveles de pobreza. Llegado el siglo 21 los indicios de una importante transformación social y política son ya visibles en el mundo occidental dominicano, e innegables en los suburbios violentos, allí donde el estado ha perdido su autoridad en la territorialidad del crecimiento de la economía globalizada del crimen organizado, de las secuelas de la ausencia de políticas públicas y de las consecuencias del capitalismo salvaje.

Paradójicamente en los lugares donde el desarrollo tecnológico y científico se estancaría corresponde al mundo rural dominicano, aunque no suele reconocerse, puesto que, la reforma agraria de los gobiernos del Dr. Joaquín Balaguer se convirtió en un mecanismo de conservación de los latifundistas que si bien, en teoría, proponían transformaciones en el modelo económico a favor de los campesinos , el Estado y, la propiedad privada y las políticas sociales del Estado apenas se congelaron por su forma primitiva, o en todo caso, el subsidio estatal protegió a las cooperativas de los cambios subversivos y continuos de las sociedades pre capitalistas. Los ciudadanos romanenses y los ciudadanos banilejos de hoy están más alfabetizados y secularizados que los fronterizos habitantes de Pedernales en el sur profundo y de los de la provincia Montecristi, pero es probable que sus formas de vida no fuesen tan diferentes como se podría creer al cabo de ideas debatidas en los foros de la capital de Santo Domingo o Santiago. Las consecuencias socio culturales de nuestra transformación política es algo a lo que tendrán que enfrentarse los historiadores. Está claro que, incluso en sociedades capitalistas muy tradicionales los sistemas de obligaciones mutuas y de costumbres sufrieron tensiones cada vez mayores. La familia nuclear dominicana de los anos 80s funcionaba bajo una tensión de carácter tradicional en el concepto de los valores eurocéntricos y anglosajones. Desde el pensamiento afroantillano del siglo 18, como estructura cultural se mantuvo arraigado. Los cocolos de Samaná son una expresión de ello. En esa misma dirección, en el siglo 21, esos valores tradicionales se transformaron a otros dando paso a diversos tipos de relativismos convencionales cuyos cimientos están debilitados. A los ancianos del campo y a los jóvenes de la ciudad los separan miles de kilómetros de carreteras inservibles, brecha digital internet, telefonía móvil, desempleo, desigualdad y siglos de subdesarrollo. Políticamente, en el siglo 21, desde la sociedad civil y la empresa, desde la infalible posición de los analistas del FMI o del Banco Mundial. Muchas veces los teóricos neoliberales del Banco Central en su afán de hacer crecer más rápido la economía que ayer, evalúan las consecuencias del capitalismo sin tomar en cuenta las causas de su desproporcionalidad y concentración. Y es que, con la irrupción en masa de la población nacida a partir de 1990, o por lo menos de los jóvenes y habitantes de la capital, la narrativa social es la de aquel que socializa avanza política y económicamente ya que saben de ante mano que el monopolio de las reducidas élites que configuran la primera generación de la historia colonial es una realidad. En República Dominicana, las masas urbanas o urbanizadas, incluyendo la enorme clase media aun fueran cultas, no son, y por su mismo número, miembros que se anillaban para preferir estar al mismo nivel que el español colonizador. En todo caso situarse al lado de sus estudios realizados en Europa o Norteamérica los colocaría con suerte en la media de la estratificación. De manera, que, la gran masa de los estratos sociales formados por profesionales liberales o empresarios no comparte la idea de tener fe en ideas que desconocía y por ende prefería aspirar a su propio progreso secular. El conflicto social aumentó cuando los antiguos dirigentes dominicanos y la nueva visión global de la democracia representativa se convertiría en un manifiesto critico a la concentración de la tierra, a la explotación de las minas, a la destrucción del medio ambiente, problemas expuestos en los grandes medios de la burguesía de nuestro país. Es decir, algunos líderes de la izquierda liberal y de la sociedad civil corporativa, e incluso burócratas políticos del sistema o no, con acceso a ciertos patrones sociales e información reducen a su grado mínimo la generalidad del estado y sus instituciones obviando la realidad estructural del estado. Un ejemplo de ello es el nutrido apoyo de un contado exclusivismo nacionalista, impregnado en el conservadurismo de clase. Este conflicto histórico tiene sus raíces en la profunda crisis de identidad de nuestra burguesía urbano - rural, cuyo orden social ha sido reducido a pedazos por los efectos de la globalización y porque el auge de un amplio estrato social de jóvenes mejor preparados, con acceso a bienes y servicios, ha roto el monopolio de las certezas. La ciudadanía, transformada por la constante migración del campo a la ciudad, dividida por las diferencias sociales y cada vez mayores diferencias culturales entre ricos y pobres, que crea la economía monetaria, hostigados por la inestabilidad que provocaba una movilidad social desigual , así como por la desaparición de los indicadores materiales que dieron origen al sentido de clase y a los reconocimientos políticos, que separaban a los dominicanos, pero que no dejaban lugar a incógnitas en cuanto a su realidad socio política, vive en un estado de ansiedad permanente acerca de su destino. Se han utilizado estos hechos para explicar, entre otras cosas, la aparición de nuevos ritos, símbolos e ídolos de comunidades nuevas. El repentino surgimiento de congregaciones de culto yoga en los años ochenta, así como la sustitución de formas de cultos católicos o protestantes, que han devenido en acciones particulares y familiares forma parte de este nuevo fenómeno. La instauración de jornadas deportivas escolares inauguradas con la interpretación del himno nacional en cintas magnetofónicas representan cambios veloces que impactan en las tradiciones y costumbres autóctonas. Es por ello por lo que Santo Domingo aun cuando cambia este fenómeno no es vigoroso. Nuestro porvenir sociopolítico es cada vez más inflamable. Nuestra política nacional de distribución de las riquezas jamás requiere de una discusión que permita abordar los niveles de evasión del 60 por ciento del ISR y del 45 por ciento del ITBS. En realidad, las nuevas tribus empresariales son grupos económicos que junto a los inversionistas extranjeros y los suplidores de los monopolios de mercancías locales han entendido el poder de la filiación y legitimidad políticas. En algunos sectores de la política tradicional donde existe aceptación sustancial de los partidos políticos aún se podría mantener cierto grado de continuidad. Los dominicanos continúan siendo tan liberales y tan conservadores como lo han sido durante más de un siglo. (1900-2000). Aunque están dispuestos a discrepar políticamente si existiera un bajadero tangible que les otorgue una ventaja futura. El congreso está unificado, ha cambiado su estructura psicológica y se ha reformado políticamente en apenas 45 años. (1966-2016). Pero, hasta los años noventa, en República Dominicana, las elecciones generales, con contadísimas excepciones, siguieron ganándolas quienes apelaban a los objetivos nacionalistas, a las tradiciones históricas y al uso intensivo de la coacción lo cual traduce el dominio ideológico y cultural de parte del sistema político de elites sobre cuyo imaginario descansa su estabilidad.

Tanto la descolonización como las revoluciones transformaron drásticamente el sistema político dominicano. Así pues, la organización social indígena fue destruida, al menos en su generalidad. De manera que pasaríamos a ser un pueblo de corte occidental. España nos transmitiría su lengua, religión, formas de vestir y comer, ganados e instituciones jurídicas y civiles, aun cuando carecían de capacidad como Estado para ser un imperio convirtiéndose pues, en una profunda contradicción que nosotros heredaríamos y por supuesto transmitiríamos de generación en generación, hasta llegar a lo que somos hoy. Incluso en América, por ejemplo, donde la temprana descolonización añadiría una docena de nuevos estados. Sin embargo, lo importante de esto no era su número sino el enorme y creciente peso y presión demográfica que representaba en su conjunto. Desde la primera revolución industrial y es posible que desde el Siglo XVIII este equilibrio se había inclinado a favor del mundo desarrollado. Esta explosión demográfica en los países de alta densidad como la República Dominicana despertó por primera vez una grave preocupación internacional a finales del Siglo 20. Nuestra población ha crecido desordenadamente y cada día los gobiernos locales son más deficitarios provocando subsidios estatales administrativos desde los gobiernos nacionales con más nóminas y gasto corriente que alimentar y con menos capacidad de producción. La explosión demográfica del mundo pobre es elevada porque los índices básicos de natalidad suelen ser mucho más altos que los del mismo período histórico en los países desarrollados y porque los elevados índices de mortalidad que antes frenaban el crecimiento de la población cayeron a partir de los años setenta a un ritmo cuatro o cinco veces más rápido que el de la caída que se produjo en la Europa del siglo XIX. Y es que, mientras en Europa este descenso tuvo que esperar hasta que se produjo una mejora gradual de la calidad de vida y del entorno. La nueva tecnología barrió con los países pobres en forma de medicinas y la revolución del transporte.

A partir de los años cincuenta las innovaciones médicas y farmacológicas estuvieron disponibles para salvar las vidas a gran escala, debido a la aparición de los antibióticos y algo que antes era imposible conseguir como el tratamiento al cáncer que contrastaba con el auge de las enfermedades neurológicas y cardio vasculares en los hombres de 40 años. Mientras los dominicanos vivían más y mejor que décadas pasadas, las tasas de mortalidad se reducían verticalmente a tal punto que la población se dispararía aun cuando la economía y las instituciones fueran impredecibles. De manera que la explosión demográfica es el hecho fundamental de nuestra existencia. Los gobiernos populistas trataron de estabilizar nuestra población con natalidad y mortalidad bajas con algún tipo de planificación familiar y economías locales deficitarias creando mayores problemas de población. No podríamos resolver nuestros índices de pobreza en pocos años o décadas aun cuando nos mantuviéramos creciendo. Asimismo, nuestra sociedad se ha visto obligada a adoptar sistemas económicos derivados de nuestros conquistadores o amos imperiales. Así que, una minoría de pensadores políticos, de los que surgieron de las revoluciones sociales siguió el modelo de la privatización de los recursos naturales. En teoría, el mundo dominicano estaba lleno de intelectuales que pretendían convertir el estado en repúblicas parlamentarias con elecciones libres y de los que pretendían ser una minoría de teóricos quienes asumieron la idea de repúblicas democráticas populares de partido único. En particular estas etiquetas indicaban como máximo en qué lugar de la escena internacional querían situarse las elites de los partidos políticos como solían reformarse nuestras propias constituciones y por los mismos motivos por los cuales se reformo. En la mayoría de los casos, el pensamiento liberal entendía que el estado, en su desarrollo y expansión capitalista carecería de las condiciones materiales y políticas necesarias para hacer viables el sistema político. Esto sucedía incluso entre los militantes de los partidos, aunque la estructura autoritaria hacía que el método resultase menos inadecuado en un entorno occidental que en las repúblicas liberales. Así, uno de los pocos ideales democráticos era la supremacía del partido sobre el ejército. De paso, los mecanismos de control capitalista se fueron perdiendo y las fuerzas armadas tendrían protagonismo semejante o incluso superior al poder civil. Además, la intervención estatal en aspectos civiles provocaría el enriquecimiento asombroso de generales y oficiales medios. Estos recibían cuantiosos subsidios y suministros a través de las intendencias y en algunos de los casos existió mayores posibilidades políticas que nunca. A los militares se les mantendría alejados del poder civil gracias a la presunción de la supremacía civil a través del partido. Las perspectivas de desarrollo fueron pocas y así la transición desde la dictadura a la democracia liberal se negociaría con Estados Unidos en 1965 con poco éxito bajo la égida de la intervención norteamericana y las constantes intentonas golpistas de unos oficiales al servicio del Departamento de Estado durante los períodos pos segunda guerra mundial. La democracia representativa sería abortada y nuevamente las brechas sociales y económicas se expandirían notablemente. La amenaza de ingobernabilidad se mantendría, aunque en los años setenta se producirían manejos todavía por explicar en las obscuridades de la infiltración de la CÍA en los servicios secretos de las Fuerzas Armadas dominicanas. Quizás sólo en los traumas de la descolonización los dominicanos llegaríamos a ser intolerantes y la tentación de retener el poder a la mala de parte de los políticos fue inútil al hundirse la economía y pronto caeríamos bajo el escenario de la confrontación social. La guerra civil sería el legado de la ausencia de estabilidad dejando recuerdos y cicatrices que aún medio siglo después no se ha borrado. Los regímenes autoritarios como los de Balaguer sintieron afición por torturar a sus oponentes, dejando muchas madres solteras y padres sin trabajo hundiéndonos de cabo a rabo bajo el peso de nuestra propia responsabilidad. De todos modos, para la oligarquía dominicana el más leve indicio de que los gobiernos del país cayeran en manos de los demócratas garantizaba el apoyo del comando SUR y como consecuencia no sólo se minó el sentimiento de autoestima, sino que el vacío social y político que se produciría pos-1965 influiría en la cultura autoritaria vigente en el siglo 21.

El desarrollo social y humano del desarrollismo capitalista ,1966-1978, dirigido o no por el Estado, no resultaba del interés inmediato para la gran mayoría de los dominicanos que vivían del cultivo de sus propios alimentos pues nuestras fuentes de ingresos principales eran uno o dos cultivos de exportación, café, plátanos o cacao, productos que suelen concentrarse en áreas geográficas muy determinadas. Así pues, emularíamos a los asiáticos pobres de la parte sur y a los indigentes africanos del Norte, quienes continuaban viviendo de la agricultura. De manera que la visión occidental del campesinado dominicano estaba apenas iniciando una copia en calco de las migraciones en todo el continente, del área rural a las urbes, volcando sobre nuestras ciudades olas de desempleados que en apenas dos décadas cambiarían las estructuras de Santo Domingo y Santiago. En algunas regiones fértiles con una densidad poblacional no excesiva, como buena parte del Cibao, La Romana y Baní la mayoría de la gente se las había ingeniado para mantener un nivel de vida adecuado. La mayoría de las ciudades con baja densidad poblacional y empleo aún precario, no necesitaban del estado dominicano, por lo general demasiado débil, y los habitantes de estas zonas prescindieron de los políticos y el poder, refugiándose en la autosuficiencia de la vida rural. Curiosamente, pocos países en procesos revolucionarios iniciaron la era de la independencia con mayores ventajas que los dominicanos, aunque nosotros muy pronto desperdiciaríamos la capacidad geopolítica del entorno. La mayoría de nuestros campesinos era para 1950 mucho más pobre que los del resto del continente y estaban mucho peor alimentados. La presión demográfica sobre una cantidad limitada de tierra era más grave para la economía que nunca antes.

No obstante, nuestros gobiernos entendieron que la solución a los problemas nacionales era el endeudamiento, el crecimiento económico sin desarrollo humano que les proporcionaba estándares societales similares a las clases medias norteamericanas. Generaciones enteras de planificadores hicieron cálculos pretendieron asimilar que era mejor minimizar los riesgos antes que maximizar los beneficios. Esto nos mantendría al margen de la revolución económica global que no sólo llegaría hasta los más excluidos en forma de camiones viejos, buses escolares, sandalias de goma, sino que, además, esta revolución capitalista tendió a dividir a la población de estas zonas empobrecidas entre los que actuaban dentro o a través del mundo de la escritura y de los despachos con internet y los demás. En la mayor parte del tercer mundo dominicano y rural la distinción básica era entre la costa y el interior o entre la ciudad y los pueblos. El problema radicaba en cómo los ciudadanos y el gobierno marchaban juntos hacia la modernidad en un país lleno de cultos y analfabetos, modernidad y primitivismo y un montón de estereotipos foráneos. Nuestras asambleas legislativas, en lugar de anteponer la soberanía dominicana o los intereses nacionales se resarcían asimismo con el ensanchamiento de la deuda. Apenas habían licenciados incluyendo pocos doctores si es que existieron y muy pocos habían cursado estudios secundarios o superiores. Por aquella época nuestro territorio poseía una población analfabeta. Toda persona que deseaba ejercer alguna actividad o función pública dentro del gobierno nacional, en un estado pobre y aislado tenía que saber leer y escribir no por elemental educación básica sino por la carencia de este elemental principio básico. Pocos hablaban inglés, francés y esto se convertiría en un privilegio del que muy pocos disfrutaban. Es por ello por lo que los dominicanos que vivían en zonas alejadas y atrasadas se dieron cuenta de la ventaja de tener estudios superiores, aunque no pudieran compartirlos o tal vez porque no podían obtenerlos. Así, conocimiento equivalía literalmente a poder algo _especialmente visible en nuestro país donde el Estado es a los ojos de los ciudadanos una máquina que absorbía sus recursos y los distribuía entre sus empleados públicos. Tener estudios era tener un empleo a menudo un empleo asegurado como funcionario medio y con suerte hacer carrera lo que permitía al ciudadano obtener sobornos y comisiones y dar trabajo a parientes y amigos. Un pueblo como el dominicano que invierte en los estudios de uno de sus jóvenes esperaba recibir a cambio ingresos y protección para toda la comunidad gracias al cargo en la administración que estos estudios aseguraban. En cualquier caso, los funcionarios que tenían éxito político eran los mejores pagados de toda la población. República Dominicana fue tan pobre que los servidores públicos se enriquecieron brutalmente. Incluso sus habitantes perderían la capacidad del ahorro y salario real. Donde parecía que la gente pobre del campo podía beneficiarse de la ventaja de la educación u ofrecérsela a sus hijos el deseo de aprender era prácticamente universal. Estas ansias de conocimiento explican en gran medida la enorme migración del campo a la ciudad que despobló el agro y la capacidad productiva del país a partir de los años cincuenta. Y es que la ciudad resulta atractiva y ante todo ofrecía oportunidades de educación y formación de los hijos. La mentalidad vigente era que en la ciudad se podía "llegar a ser alguien". La escolarización abrió perspectivas más halagüeñas, pero en nuestro país el mero hecho de conducir un vehículo moderno y poseer la piel clara podía ser la clave de una vida mejor. Lo primero que un campesino enseñaba a sus hijos y sobrinos era la esperanza de abrir el camino hacia un mundo moderno como la capital ya sea conduciendo un vehículo del transporte público o por el contrario crear un tarantín debajo de los edificios más modernos de la ciudad. Sin embargo, había un aspecto de la política de desarrollo económico que habría sido y resultaba atractivo ya que afectaba a las tres quintas partes o más de los campesinos que vivían de la agricultura: la reforma agraria. La consigna general de los gobiernos dominicanos fue la distribución de la tierra, aun cuando no significó la gran cosa, desde la división y el reparto de los latifundios, entre el campesinado y los jornaleros sin tierra, hasta la abolición de los regímenes de propiedad y las servidumbres de tipo feudal, desde la rebaja en los arrendamientos y sus reformas hasta la nacionalización y colectivización revolucionaria de la tierra, fracaso El agricultor dominicano apenas comenzaría a abandonar las cosechas y depredar los conucos. Es probable que jamás se hayan producido tantas reformas agrarias en una sola como en la década de los setentas donde casi la mitad del género humano se estaba dando cuenta que se hacían más pobres. No obstante, a pesar de la proliferación de las declaraciones políticas, República Dominicana tuvo demasiadas revoluciones, descolonizaciones o derrotas militares como para que hubiese una reforma agraria exitosa. Los argumentos a favor de la reforma agraria eran básicamente políticos para ganar el apoyo del campesinado. En algunas ocasiones, aunque la mayoría de los reformadores esperaba conseguir un cambio social con el simple reparto de tierras a campesinos t y a peones que tenían poca o ninguna tierra. De hecho, la producción agrícola cayó drásticamente luego de los repartos, aunque la preparación del campesinado mejoró. Los argumentos favorables al mantenimiento de un campesinado numeroso eran y son antieconómicos ya que en la historia del mundo moderno el gran aumento de la producción agrícola ha ido en paralelo con el declive de los mercados en la medida de la proporción de agricultores, en especial luego de la Guerra Civil de 1965. La reforma agraria, sin embargo, podía demostrar que el cultivo podía ser más eficiente y flexible sin intermediarios y que el latifundio practicado en tierras despojadas por militares, políticos y empresarios se consideró una explotación capitalista que hizo que los productos llegaran más caros a los supermercados y con menos calidad a la población, debido pues, a los intermediarios.

Mientras la disparidad de los ingresos de los dominicanos aumentaba el desarrollo económico se estancaba. La igualdad de la productividad se asemejaba a una distribución de pobreza. Verdaderamente la gran desigualdad social de la República Dominicana no puede dejar de guardar relación con la ausencia de reforma agraria en tanto esta fuera acogida por el campesinado por lo menos hasta que se pasó de la colectivización de las tierras a la constitución de cooperativas como fue norma general de los países comunistas. Sin embargo, lo que los modernizadores vieron en esta reforma no era lo que representaba para los campesinos a quienes no interesaban los asuntos macroeconómicos, sino que veían la política agraria desde un punto de vista paralelo de los pensadores de las ciudades cuyas demandas de tierras no se basaban en principios generales sino en exigencias concretas. La reforma agraria instituida por sectores del gobierno del doctor Joaquín Balaguer fracasó debido a que las comunidades campesinas han vivido en difícil co existencia con las grandes haciendas ganaderas del país a las que proporcionaran mano de obra y la repartición de tierras fue vista simplemente como la justa devolución al campesino de las tierras despojadas por generales, políticos y terratenientes cuyos límites geográficos habían conservado en sus recuerdos durante siglos y cuya pérdida no habían aceptado. A los campesinos dominicanos no les importaba ni el mantenimiento de las viejas empresas como unidades de producción ni los experimentos cooperativistas ni otras prácticas agrícolas innovadoras sino la asistencia mutua tradicional en el seno de las comunidades que distaban mucho de ser igualitarias. Después de la reforma agraria las comunidades volvieron a ocupar las tierras de las haciendas convertidas en cooperativas como si nada hubiese cambiado en el conflicto entre haciendas y comunidades. Para ellos nada había cambiado realmente. La reforma agraria sería pues un éxito político de los gobiernos de Joaquín Balaguer. No ha de sorprender que un estado poscolonial como el nuestro fuera una región dependiente del viejo mundo imperial e industrializado. Lo que básicamente ocurría era que para otras sociedades desarrolladas era factible tratar con sociedades en vías de desarrollo en comparación con el mundo desarrollado e incluso resultaba posible reconocernos como dependientes. De manera que se iría formando un pensamiento insular en materia económica donde se llegó a pensar que el mercado mundial del capitalismo o la libre iniciativa de la empresa privada doméstica proporcionarían el desarrollo social. Además, durante la guerra fría todos pensarían que era inevitable aliarse a los Estados Unidos o a la Unión Soviética. Nuestros pensadores en su mayoría no eran más que inspiradores radicales o ex-revolucionarios anticolonialistas quienes se oponían a todo vestigio de desarrollo humano. Los estados del Hemisferio Occidental, al igual que otras regiones continentales abrazaron la democracia a su manera. Simpatizaban con la democracia política al estilo norteamericano o por lo menos estaban dispuestos a recibir su asistencia económica y militar lo cual no resulta sorprendente ya que los Estados Unidos no había abandonado su tradición colonialista. Después de que el mundo quedase dividido y los países desarrollados buscaban ostensiblemente aliados entre los elementos más conservadores del tercer mundo, todo cambio. No obstante, la diferencia de los simpatizantes de los Estados Unidos en República Dominicana era la intención de unirse a las elites dominantes antes que verse enfrentados en conflictos potenciales y crisis políticas. Aun así, buena parte de nuestro país se mantuvo alejado de conflictos tanto globales como regionales hasta después de la revolución cubana. Cultural y lingüísticamente nuestra población era occidental ya que la gran masa de los habitantes pobres era católica. Si bien nuestro país había heredado de sus conquistadores ibéricos una cultura también heredamos de los españoles una tradición de mestizaje en gran escala. Había poca gente que fuese totalmente blanca salvo en asentamientos montañosos como Jarabacoa y Constanza y parte de la región sur del país (Baní). Estas zonas fueron pobladas por inmigrantes europeos y con muy pocos indígenas o criollos. En ambos casos el éxito y la posición social borraron las distinciones raciales y ya para1896 República Dominicana había tenido como presidente a un hombre de color de ascendencia haitiana, Ulises Heureaux. Hasta el día de hoy nuestro país se ha mantenido al margen del círculo vicioso de política y nacionalismo étnico que hace estragos en los demás continentes. Además, la mayor parte de la sociedad reconocía ser lo que ahora se denomina una dependencia "neocolonial" de una potencia imperial única, los Estados Unidos. Es por ello, por esta idea, que los gobiernos dominicanos están conscientes de lo inteligente que es, estar de lado de Washington. Nuestros políticos se ven en el espejo de Cuba, quien hizo su revolución y estaba dispuesta a discrepar de los norteamericanos y la OEA la expulsó. Y, sin embargo, justo en el momento en que, en la República Dominicana, las ideologías basadas en el apogeo y el libre mercado comenzaron a destruir la economía tan pronto como sucedió empezó a reciclarse. En los años noventa se hizo cada vez más evidente que un sistema en declive no podía abarcar adecuadamente a unos ciudadanos cada vez más diferentes. El sistema político sería útil para unos cuantos y la maquinaria ideológica del estado nos hizo pensar que el país estaba dividido entre ricos y pobres. Desde entonces nos designaron roles sociales y políticos que se iban incrementando a los ojos de todos y el destino estaba plenamente justificado. La diferencia de PNB per cápita entre los países ricos y los países pobres pasaría de colectivo a individual. Es decir, había dos países en uno solo. Así, nuestra sociedad ha dejado de ser una entidad única.

Lo que nos dividió no fueron las ideologías políticas o los debates científico-sociales sino el escaso desarrollo económico que trajo la desigualdad social. Irónicamente la guerra de abril del año 1965 generó una oleada de desempleados en su mayoría sin formación, quienes desde cualquier punto de vista y hasta entonces se convirtieron en padres de familia desempleados sobre todo los que no poseían un hogar propio y eran individuos escasamente instruidos, por lo general obreros. Era pues, manifiestamente imposible avanzar como país con un producto interno por debajo de la línea de la pobreza, condonaciones y erogaciones del gobierno norteamericano. A nuestros estados subdesarrollados situados en la dependencia casi absoluta y donde el creciente peso demográfico y baja productividad económica eran parciales, sencillamente no nos iba tan bien. Pero a pesar de todo resultaría evidente que por más desventajas que existieran para convertirnos en desarrollados de esa misma manera invariablemente estábamos tentados a tirarlo todo por la ventana. Al llegar los años ochenta nos llenaríamos de deudas. En segundo lugar, parte de nuestro país superaría su entorno tercermundista, algunos se industrializaban particularmente y ostensiblemente hasta unirse a ciudadanos del primer mundo, aunque continuasen muchos más pobres. Nuestras diferencias cuantitativas eran patentes. La República Dominicana del 1970 no es la misma de hoy sin embargo sigue siendo tan pobre desigual como en 1990. Y esa es la realidad. Así que no existe ninguna definición exacta de las justificaciones de algunos teóricos sobre el tópico de que hemos avanzado, en función colectiva. De hecho, en la categoría de países en desarrollo seguimos siendo una economía de servicios dependiendo incluso de las materias primas y las remesas en dólares. Si estuviéramos apuntando más allá de los límites de los países de la periferia   nuestro sentido estricto hubiera sido la de una economía de mercado sin intermediarios, con una economía y moneda digital, es decir, de una sociedad pos capitalista de ampliación de los derechos sociales económicos y regulación estatal.

Una serie de países emergieron o serían sumergidos en el subdesarrollo. República Dominicana no escaparía a situarse en la cola de los países atrasados y aceptaría tácitamente el eufemismo de ser un país "en vías de desarrollo". Alguien tuvo la "delicadeza" de crear un subgrupo de países de renta baja en vías para clasificar a los tres mil millones de seres humanos cuyo PNB per cápita habría alcanzado un promedio de US $330.00 dólares hasta 1989 distinguiéndolos de los quinientos millones de habitantes más afortunados de países con menor bienestar y renta real como República Dominicana, Ecuador y Guatemala, cuyo PNB medio era varias veces más bajo que el de los privilegiados del tercer mundo (Brasil, México y Malasia) con un promedio ocho veces mayor. Los aproximadamente ochocientos millones del grupo más próspero disfrutaban, en teoría, de un PNB por persona de $18,260.00 dólares, es decir, cincuenta y cinco veces más que las tres quintas partes de la humanidad. En la práctica, en la medida que la economía mundial se fue globalizando, en serio, sobre todo tras la caída de la Unión Soviética, se fue convirtiendo en más puramente privatización y dominada por el mundo de los negocios. Los inversionistas y empresarios descubrieron que gran parte del mundo no poseía ningún interés económico para ellos, a menos, quizás, que pudiesen sobornar a sus políticos y funcionarios y el dinero, en base a altos intereses nos lo sacarían de los bolsillos a costa de las "consideraciones de los jefes de Estado". En nuestro país una gran cantidad de ciudadanos se encuentra en los mismos niveles de vida que países africanos. De manera que la guerra fría nos privó de inversiones y desarrollo tecnológico. Además, con el aumento de la división entre los pobres la globalización de la economía produjo movimientos, en especial de personas que cruzaban las fronteras. Legiones de turistas de países ricos nos visitan como jamás los habían hecho.

A mediados de los años ochenta miles de turistas procedentes de Europa motivarían la economía con una enorme mano de obra procedente de sectores medios siempre que las barreras políticas no lo frenasen. Por desgracia, en los decadentes años setenta y ochenta los movimientos migratorios no se dirigían sólo hacia la capital. El número de campesinos en las grandes urbes rurales creció y se dispararía en millones en apenas 20 años (1965-1985). La mayoría emigraba después de abandonar los conucos y las siembras, pero una parte importante venía de la frontera escapando de la miseria y se convertirían en refugiados cada vez más difíciles de separar de los torrentes de hombres, mujeres y niños que huían desesperadamente hacia un mundo moderno. Así que desarraigados de su entorno y enfrentando a ciudadanos similares más capacitados se convertirían en virtuales refugiados en una capital sin ordenamiento urbano con excepción de algunos sectores privilegiados cuyos habitantes ni fomentaban ni permitían la entrada masiva de "inmigrantes" de otros barrios o pueblos a quienes consideraban migrantes internos. Aun cuando los teóricos no se refieran a este tópico, este rechazo podría considerarse como un nuevo síndrome social en la comunidad dominicana, la xenofobia local. De manera que el asombroso salto de la economía del mundo capitalista y su creciente globalización provocaría la división del concepto de nación puesto que el concepto de tercer mundo sería asimilado por aquellos que se situaron conscientemente en la práctica totalidad de los habitantes pobres del país y quienes viven en la actualidad en el mundo moderno. En realidad, muchos de los movimientos tradicionales y nominalmente conservadores ganarían terreno en un país con mentalidad oligárquica del tercer mundo, sobre todo, pero no exclusivamente, en las clases medias y medias bajas, quienes son masas inmóviles que se resisten o los han empujado contra la modernidad y a los cuales se les ha aplicado esta vaga denominación.

La gente sabe ahora que forma parte de un mundo que no era como el de nuestros abuelos. Los alimentos nos llegaban por autobús a través de avenidas polvorientas en forma de bidones de leche, en forma de radio de pilas en donde el mundo les llegaba a través de pilas. Quizá, hasta a los analfabetos, en su propia lengua o dialecto, no escritos, se están globalizando, aunque esto suele ser un privilegio de las comunidades y familias campesinas. Pero, en un país donde la gente del campo emigra a Santo Domingo por millones, e incluso en ciudades como Santiago y Puerto Plata -donde las poblaciones urbanas superiores a un tercio de la población eran habituales- casi todos habían trabajado en la capital o tienen un pariente que vive aquí. Desde entonces pueblo y ciudad están unidos. Hasta los campos y regiones más despobladas quienes viven en chozas sin electricidad ni agua potable se pueden observar botellas vacías de Coca Cola y productos de consumo nacional a gran escala. En cualquier esquina de Higüey se venden relojes de marcas donde además se falsifican. En cualquier esquina de la capital podemos observar a ciudadanos dominicanos vendiendo productos con el mismo nivel de habilidad de ciudadanos del primer mundo. La capital sea convertida en el espejo del cambio, aunque la verdad los capitaleños son gregarios por definición. Aun así, la idea de un joven estudiante de uno de los barrios de la ciudad es inscribirse en la universidad estatal debido a que sus padres, o al menos el instinto, les dice que donde hay roce social hay progreso. Por más que los pobres dominicanos utilizasen las herramientas de la sociedad tradicional moderna para construir su propia existencia urbana, creando y habitando nuevos barrios "pujantes" en la capital y Santiago resulta demasiado, para lo que habían de superar. Además, los hábitos propios de los inmigrantes de los campos entran en conflicto con los tradicionales. Por eso un cibaeño confrontará a un capitaleño y viceversa. Los estilos de vida son diferentes y las costumbres del hombre de la ciudad con mayores perspectivas es natural el rechazo regional.

En ninguna otra faceta de la vida dominicana resultaba todo ello más visible que   el comportamiento de las jóvenes adolescentes de cuya ruptura con las tradiciones de sus abuelas comentan con nostalgia sus madres. La idea de la modernidad en nuestro país pasó de la ciudad al campo incluso allí donde todavía hoy se vive del cultivo de variedades de cereales diseñados científicamente. El auge del negocio de exportación de frutas y vegetales para los mercados mundiales, gracias al transporte por vía aérea de productos perecederos y a las nuevas modas entre consumidores del mundo desarrollado permite comprender la potencialidad exportadora del mercado local. Los dominicanos no deben subestimar las consecuencias de estos cambios en el mundo rural. En ninguna otra parte del planeta el choque ha sido tan frontalmente brusco como en los campos agrícolas y ganaderos donde los hombres abandonan los cultivos y las mujeres se convierten en mercado. Además, uno de los casos más llamativos es el aumento del consumo de drogas narcóticas en la población rural. Ni hablar de los capitaleños quienes hoy como estilo y patología social consumen cocaína. La globalización neoliberal ha desvirtuado el mercado y nos golpea despiadadamente colisionando, incluso, las estructuras más débiles de nuestra nación. Además, llegaría la proliferación de cultivos de marihuana. ¿Cómo puede un agricultor de yuca y batata competir con un cultivo de marihuana? El modo de vida de la vida rural ha comenzado a desarticularse. Es inestable, fruto de la pobreza cuasi clonada y donde proliferan la trata de blancas, los bares y burdeles. El campo dominicano se ha transformado, pero esto ha dependido de la civilización urbana y las industrias pues nuestra economía depende a menudo de las remesas de los inmigrantes a quienes les debemos que todavía hoy somos al menos una nación estable. Paradójicamente en República Dominicana al igual que los Estados Unidos la ciudad puede convertirse en la salvación de la economía rural, que de no ser por el impacto de la industrialización podría haber quedado abandonada por unos ciudadanos que habían aprendido de la experiencia de la emigración propia de nuestros trabajadores y campesinos donde hombres y mujeres no tienen alternativas. Los dominicanos han descubierto que no es inevitable que tuvieran que trabajar como esclavos toda la vida sembrando la tierra, defecando en letrinas y sudando la gota gorda sin ninguna fortuna como lo hicieron sus antepasados. Numerosas poblaciones rurales de todo el país, en las impresionantes montañas dominicanas desdeñan la agricultura y la hermosura de sus paisajes y han abandonado sus lugares de origen a partir de que se dieron cuenta que en la capital hay un mundo mejor. Olvidaron sus costumbres, sus tradiciones y prefirieron poner un puesto de frutas que no tenían que cultivar aun cuando en sus mentes poseían su carácter agrícola y saben que con el paso del tiempo a través de los ingresos procedentes de sus puestos de ventas de frutas tendrán otra procedencia social.

Los problemas económicos estructurales de República Dominicana podían llevar en sí mismos -a la situación política dominicana del Siglo 21- por caminos conocidos por ciudadanos del primer mundo. En nuestros países era probable que surgiese una clase trabajadora industrial que luchase por sus derechos y por la creación de nuevos sindicatos como lo demuestra la historia reciente. Los partidos políticos del siglo 21 no tenían por qué parecer castas familiares al modo de los movimientos democráticos de la República Dominicana del Caribe de 1990 aunque no deja de ser significativo que se produjeran manifestaciones políticas influyentes en el ámbito nacional justamente de ese tipo en los años ochenta: el Partido Revolucionario Dominicano (PRD). Sin embargo, la tradición del movimiento obrero en su lugar de origen era una combinación de un derecho laboral de corte populista con la militancia de obreros y la tradición de los intelectuales que acudieron en su apoyo con un izquierdismo sin fisuras como lo era la ideología del clero católico cuyo sostén contribuyó a llevar el proyecto de resurrección a buen puerto. Por otro lado, el rápido crecimiento de la industria tenderá a generar una clase profesional amplia y cultivada que, pese a no ser subversiva en absoluto, habría acogido con sumo gusto la liberalización de los precios de los combustibles. No obstante, había amplias zonas del tercer mundo dominicano donde las consecuencias políticas de la transformación social eran realmente imposibles de predecir. Lo que era seguro era que seríamos inestables e inflamables como lo atestigua el medio siglo transcurrido desde el arribo al poder de Rafael Leónidas Trujillo (1930-l961). La mayor parte del territorio de Santo Domingo y Santiago proseguían siendo descolonizados aun cuando parecían ofrecer un modelo de progreso más adecuado y esperanzador que el resto de las urbes rurales. Cuando hubo pasado las guerras de independencia y restauración y dejó de correr la sangre de los cadáveres y de las heridas, la mayor parte de lo que hasta 1970 había sido el sistema político presidencialista se mantuvo intacto, pero bajo la autoridad de clanes y consagrado a la construcción de maquinarias electorales. El Partido Revolucionario Dominicano fue el único de los antiguos partidos dinásticos que sobrevivió a la dictadura de Trujillo quien hizo trizas al sistema oligárquico nacional y quien mantenía una relación especial con la Iglesia de Roma. Los partidos políticos emergentes se desintegrarían bajo el peso de su propia derrota. Que el PRD sobreviviera como una sola entidad se debió probablemente a la revolución de abril pues las tensiones que habían acabado con los demás partidos anteriores aparecieron o reaparecieron en la república hasta finales de los años setenta cuando el sistema democrático abdicó bajo el régimen de los doce años (1966-1978). Lo que realmente nos trajo el futuro, lo que nació a principios de los años treinta fue un solo estado mucho más atrasado que la república del siglo 19 pero de enormes dimensiones como prefieren presumir los clanes intelectuales en el período comprendido entre la Guerra de abril 1965 y los períodos de posguerra dedicados a crear una sociedad diferente opuesta al capitalismo. En 1984 las fronteras de nuestro país hacia el mundo capitalista se ampliaron considerablemente. Hubo una poblada. Europa incluyó la zona comprendida al este de manera que hasta Polonia, Checoslovaquia, Hungría, Yugoslavia, Rumania, Bulgaria y Alemania pasaron a zona socialista. La mayoría de las ideas progresistas se irían perdiendo como consecuencia de la guerra y la persecución política (1966-1978) y apenas algunos reaparecerían en el camino del desarrollo que antes habían pensado para todos. Los partidos tradicionales fueron invadidos de seguidores socialistas y lograron legitimidad pública cuando comprendieron que todo estaba en las urnas. La entrada al escenario del Partido de la Liberación Dominicana (PLD) estructurado sobre bases sociopolíticas democráticas amplió el horizonte de mayor desconfianza para los representantes del estatus quo dominicano. Gracias al enorme pensamiento social de Juan Bosch y a la formación política de esta entidad sobrevivió a los embates y agresiones tan comunes en el cerrado sistema de partidos políticos.

Esta era precisamente la parte del Caribe donde el sistema político de oposición paso a conocerse bajo la terminología ideológica de izquierdas irónicamente un término ambiguo que implicaba o sugería que podía haber otras clases distintas y mejores de progreso pero que en la práctica esta era la única que funcionaba. Nuestro sistema social y económico además del régimen político se desmoronaría por completo hacia el tránsito de la década de los años setenta y ochenta. Antonio Guzmán (1978-1982) y Salvador Jorge Blanco (1982-1986) encabezarían esta nueva ola democrática. Nuestros partidos políticos se mantenían, aunque la reestructuración económica que emprendieron representaba la liquidación de la democracia representativa tal como hasta entonces la habían entendido los "caudillos" sobre todo en la decadente clase empresarial. Los regímenes autoritarios pos Lilís desanimados geopolíticamente y que nosotros imitaríamos ya no les quedaba mucho de vida. Era obvio que lo primero que tuvimos que escribir acerca de la democracia pos-Trujillo es que durante la mayor parte de su existencia (sí que alguna vez existió) formó un sub-universo autónomo. Las relaciones de nuestros gobiernos contemporáneos con el resto de la economía capitalista global o dominada por el capitalismo de los países desarrollados, eran muy escasas. Incluso en el momento culminante de la expansión del comercio mundial sólo alrededor de un 4 por ciento del 100 por ciento de las exportaciones de las economías de mercado desarrollados iba a parar a las "economías planificadas" como la nuestra. Llegados los años ochenta la proporción de exportaciones a la República Dominicana no era mucho mayor. Las economías subdesarrolladas y dependientes exportaban una parte importante de sus modestas exportaciones al resto del mundo, pero jamás lograrían crear riqueza interna en sus países. Además, dos tercios de nuestro comercio internacional en los años 70 y 80 se realizaban en nuestra propia zona. Por razones evidentes hubo pocos movimientos sociopolíticos y humanos entre nuestro "primer mundo" y "el segundo mundo" aunque algunos comenzarían a fomentar la industria turística a partir de los años noventa. La migración y los desplazamientos temporales de nuestros ciudadanos estaban estrechamente vigilados y a veces eran prácticamente imposibles. Los sistemas de partidos nacionales eran básicamente imitaciones del sistema soviético o norteamericano los cuales no poseían relaciones equivalentes en el resto del mundo. Nuestros políticos basaban su liderazgo en fuertes voluntades y caracteres. Un ejemplo de ello fue José Francisco Peña Gómez quien monopolizaría el poder y gestionaba una planificación centralizada. Impuso - por lo menos teóricamente a lo interno de su partido - un credo populista a los miembros del comité ejecutivo del PRD. Esto motivaba a la división de clases entre los intelectuales. Durante largos períodos fue muy poca la información sobre nosotros mismos que conocería el mundo. Rafael Leónidas Trujillo y Joaquín Balaguer encabezaron este proyecto de aislamiento apoyados en principio y hasta el final por los empresarios, militares, iglesia e intelectuales cuyas generaciones aún mantienen presencia activa en sectores importantes lo cual nos presenta como una casta de clase sin propósitos más que individuales. Además, es comprensible que luchen por mantener su pasado- presente sin reparar en el origen de las fortunas y los "rasgos éticos" del capital de la familia. Conocidos los motivos fundamentales de la separación clasista de los gobiernos nacionales y de las elites de los partidos políticos estos movimientos eran sin duda los residuos de la tiranía. Luego de la revolución de 1965 la izquierda dominicana veía en el capitalismo al enemigo que había que derrotar lo antes posible mediante la articulación de la revolución urbana. Los izquierdistas foquistas se quedaron aislados rodeados por una sociedad que deseaba escuchar el aumento de los salarios reales y una sociedad fascinada por ser parte del sistema político nacional el cual los haría ciudadanos ricos y honorables de la noche a la mañana.

A principios de los años ochenta República Dominicana quedó aislada rodeada por un mundo precapitalista subdesarrollado muchos de cuyos gobiernos deseaban impedir la consolidación de nuestras economías. El mero hecho de que en los años setentas a los dominicanos se les sellara el pasaporte cuando viajaban a Cuba resultaba una ofensa política para los Estados Unidos. Tal es así que hasta el reconocimiento diplomático de nuestra existencia podría considerarse como una acción subversiva lo cual demuestra nuestra condición moderna como neo colonia. Trujillo, siempre realista, estuvo dispuesto y hasta ansioso para colaborar con los norteamericanos, en principio, con los rusos, después, para luego darse cuenta de que no aceptaron su oferta. República Dominicana se vería obligada a emprender un desarrollo autárquico prácticamente aislada del resto de la economía mundial que paradójicamente pronto le proporcionaría su argumento ideológico más poderoso: el nacionalismo político inmune a la persecución diplomática que asoló su régimen luego del asesinato de las hermanas Mirabal y el bloqueo comercial. La política contribuyó una vez más a aislar la economía dominicana en los años treinta y todavía más en los años sesenta. La guerra fría congelaría las relaciones tanto políticas como económicas con los países europeos. A efectos prácticos todas las relaciones económicas entre Santo Domingo y la zona capitalista del mundo aparte de ser triviales o inconfesables tenían que pasar los controles estatales impuestos por ambos. El comercio entre República Dominicana, el bloque capitalista estaba en función las relaciones públicas. No fue hasta los años setenta y ochenta cuando aparecieron indicios de que el universo autónomo del poder político dominicano se estaba integrando en la economía mundial. Las economías de planificación centralizada y las de corte occidental podrían estar estrechamente vinculadas como lo demuestra la apertura hacia Cuba y los países de la órbita socialista como lo indicaban nuestras tarjetas de pasaporte hasta 1978. Este simple dato indicaba que nos estábamos integrando económicamente. Visto en perspectiva, puede decirse que ese fue el principio del final de las ideas socialistas en Santo Domingo. Aun cuando no existe razón teórica por la que la economía dominicana, tal como surgió de la revolución de 1965 y las expediciones de Maimón y Estero Hondo, 1948 – 1959, no hubiese podido evolucionar en relación más íntima con el resto de la economía mundial. Los sectores oligárquicos de la República Dominicana, unidos a reaccionarios de la extrema derecha estaban íntimamente vinculados como demuestra- en la sociedad de 1970-que en un momento determinado los hombres de empresa obtenían la cuarta parte de sus importaciones y demandas políticas bajo un proteccionismo sin rodeos. Sin embargo, la república moderna de la cual hablan los políticos con visión – dentro del contexto de la realidad nacional - fue la que surgió a partir de 1996 de la cual se ocuparan de hablarnos los historiadores y por la cual aún tenemos esperanzas de continuar existiendo. El hecho fundamental de que la República Dominicana persista en sus afanes de "luchar contra la pobreza" significa al menos que esperamos sobrevivir al aislamiento y fortalece la identidad de algunos "idealistas utópicos" de que pudiéramos convertirnos en el centro de liderazgo de una economía global en el Caribe. Ninguno de los partidos políticos nacionales y sus seguidores habían considerado necesarias para el establecimiento de una economía de mercado- que en nuestro país estaban presentes las bases para el desarrollo social y económico. Los líderes y pensadores nacionales marchaban al paso de su propio atraso político y evolución. Observaban sólo una masa ingente que les protegía a veces y les maldecía cada cuatro años. A los gobiernos dominicanos, 1966 – 1986, les interesaba precipitar los estallidos sociales si partimos de sus ejecutorias cotidianas. Las condiciones previas para la construcción de la democracia representativa no fue exactamente lo que suponía que iba ocurrir entre 1986-2006 y lo que parecía justificar la polémica decisión de trazar una estrategia para la conquista del poder de los remanentes de Trujillo, que significó madres solteras, hijos huérfanos y una economía asistencialista de distribución de pobreza.

Los subsidios gubernamentales aumentaron considerablemente en los gobiernos de Balaguer (1966-1978) y se dispararían en los gobiernos del PRD Antonio Guzmán (1978-1982) y Salvador Jorge Blanco (1982-1986). No es ninguna coincidencia que estos gobiernos serán juzgados severamente por los historiadores contemporáneos. El Estado se convirtió, por lo tanto, en un programa para el enriquecimiento ilícito de los políticos de turno lo que nos haría atrasados hasta el tope. Por lo tanto, para transformar países subdesarrollados en estables es necesario acentuar discursos de campañas alrededor del crecimiento económico carente de atractivo real con un sistema de partidos políticos de castas, sin planificación, sin distribución equitativa de las riquezas producidas y ni siquiera con los recursos humanos calificados. Esto los obliga desesperadamente a recuperar las "bases del pueblo" de donde provienen. Además, nuestro modelo económico todavía no es el más apropiado para nuestras realidades internas y con el resto del mundo. La "fórmula dominicana" del desarrollo económico consiste en la construcción ultra rápida de grupos de poder alrededor de los líderes políticos dominantes de los respectivos partidos. República Dominicana no resultaba un modelo atractivo de inversión al igual que Puerto Rico, Jamaica o Cuba por el hecho de ser subdesarrollado, sino que a los inversionistas les parece más adecuado invertir su capital privado orientado a una mejor seguridad jurídica o por lo menos hacia una ventaja de persecución de beneficios. La idea de la instauración de la democracia constitucional inspiraría a una serie de líderes empresariales que acababan de arribar al siglo 20 desde el siglo 19 y pretendían convertirse en poco tiempo en lo que hoy es la oligarquía dominicana. Rechazaban en público el proteccionismo y los bajos salarios, pero en privado les reprochaban a los gobiernos el pago de impuestos. Eso creó fuga de capitales y una evasión de impuestos que se manifiesta en inestabilidad económica. Luego, al pretender unirnos comercialmente con otros países la fórmula que habían utilizado para crecer desorbitadamente de particular les pareció poco adecuada debido a que se dieron cuenta del sistema primitivo y agrícola con que contaban - en comparación con países globalizados- con capacidad para competir con sus productos internacionalmente. Este impacto se traduce hoy diariamente e ilustra fehacientemente nuestra desorientación política y económica. La tarea de la construcción del desarrollo socio económico les pareció descabellada a los políticos dominicanos de posguerra quienes no comprendían lo que sucedía en su entorno. A esto se uniría el ritmo avasallante del transporte y la tecnología. Nuestros gobernantes, en los períodos de guerra y sobre todo a principios de 1900 emprendieron fórmulas económicas ineficientes. El ritmo de crecimiento de la economía dominicana no superaría las expectativas salvo cuando en los primeros años creceríamos más de prisa de lo que éramos ayer hasta el punto de que dirigentes dominicanos creían sinceramente que de seguir la curva del crecimiento al mismo ritmo nuestra economía superaría los vaivenes de la deuda, en un futuro inmediato, como lo creían también los economistas de 1970. Más de un observador económico - de origen dominicano- de los años sesenta se debe estar preguntando si el desarrollo del que habla el Banco Mundial llegará a ocurrir. Es curioso que en las obras de los más reconocidos intelectuales falte cualquier tipo de discusión acerca del fin de la intermediación financiera, de la planificación de la economía rural y suburbana que democratizaría la democracia. El debate o no acerca de una industrialización, con prioridad para la producción, aunque la planificación esté implícita en una economía de mercado no resulta atractiva. Pero antes y después de 1980 los pensadores, políticos y teóricos dominicanos habían estado demasiado tiempo ocupados como para pensar en serio en el carácter de la economía y la democracia y antes de octubre de 1955 el propio Trujillo, en expresión de su propia cosecha, no hizo ningún intento de inventar en lo desconocido. Fue la crisis de la deuda la que nos hizo enfrentarnos directamente con la realidad. La guerra nos condujo a otra aventura y ya para 1970 se organizó la lucha contra el "capital extranjero". Nuestra economía de guerra conllevó planificación y economía de Estado. Luego de la _poblada de abril de 1984 los gobiernos dominicanos, sin excepción, aplicarían el borrador neoliberal, tendían por naturaleza o principio a evadir la gestión de la iniciativa privada, asumían la pública para prescindir del mercado y su regulación y del mecanismo de los precios sobre todo porque ninguno de estos elementos resultaba útil para improvisar la organización del esfuerzo nacional para el desarrollo de la noche a la mañana.

Con su habitual realismo, Balaguer introdujo la nueva política económica a partir de 1986 lo que significaba en la práctica el restablecimiento del mercado sin regulación y suponía una retirada del populismo de guerra al capitalismo de estado. Fue en ese mismo momento en el que la economía dominicana ya de por sí retrógrada había quedado reducida al 10 por ciento de su tamaño de antes de la guerra de abril (1965) cuando la necesidad de proceder a una industrialización masiva mediante la planificación estatal se convirtió en una prioridad para los norteamericanos. Y, aunque los organismos de inteligencia desmantelaron el terrorismo urbano el control y la coacción del Estado siguió siendo el único modelo conocido de una economía en que propiedad y gestión constituían un prejuicio. La electrificación de la República Dominicana tenía como objetivo la modernización tecnológica pero la planificación estatal tenía objetivos más generales y continuó existiendo con ese nombre hasta el fin de la Corporación Dominicana de Electricidad (CDE), utilizada sin contemplaciones para enriquecer a grupos económicos alrededor de los partidos políticos. Nuestros antepasados se convertirían en inspiradores de todas las instituciones estatales o privadas de planificación o incluso de las dedicadas al control macroeconómico de la economía. En los círculos de poder de los partidos políticos nacionales la democracia fue un tema de acalorada discusión. En la República Dominicana de los años setenta el debate en las calles continuo y volvió a serlo en los años de Balaguer, a principios de 1994, pero por la razón contraria. En los años sesenta se veía venir una derrota de la derecha militar de San Isidro o por lo menos como una desviación en la marcha hacia la izquierda, fuera del camino principal, al que era necesario regresar de un modelo a otro.

Los radicales, agrupados tanto en la extrema derecha de los hombres de empresa querían romper lo antes posible con el sistema político presidencialista y emprender una campaña violenta acelerada que fue la política que acabó adoptando Joaquín Balaguer (1966-1978). Los moderados, que habían dejado atrás el ultra radicalismo de los años sesenta eran plenamente conscientes de las limitaciones políticas y económicas con que el sistema de partidos políticos tenía que actuar en un país más dominado incluso por la agricultura, la manufactura y las remesas y eran partidarios de una transformación gradual. Bosch no puedo expresar adecuadamente su punto de vista - de frente a la oligarquía - y sobrevivió solamente hasta finales de 1990 pero, mientras pudo hacerlo, parece haber sido partidario de la postura gradualista. Por otro lado, las polémicas entre Balaguer y Bosch en los años ochenta eran análisis retrospectivos en la busca de una nueva alternativa en la historia social, una vía hacia una sociedad diferente de la que, ambos se habían propuesto. Esta polémica es hoy en día irrelevante. Si miramos hacia finales de los anos 80s podemos ver que la justificación original de la decisión de establecer un gobierno democrático en Santo Domingo desapareció cuando los sindicatos y los empresarios dieron pie al dialogo tripartito y, en verdad, consiguieron adueñarse de República Dominicana. Tras la guerra civil el país se encontraba en ruinas y mucho más atrasado que en la época de los trujillistas. Es cierto que Trujillo, y la "nobleza", grande y pequeña, habían desaparecido incluso hasta la celebración cada año del 30 de mayo. Culturalmente hablando, el estado continuaba siendo trujillista. Cerca de un millón de personas emigraron del país privando de paso al Estado dominicano de una gran proporción de los cuadros más preparados y también desapareció el desarrollo industrial de la época trujillista y la mayor parte de los obreros que formaban la base sociopolítica del partido dominicano muertos o dispersados por la revolución y la guerra civil o trasladados a las oficinas del Estado y de los partidos. Lo que quedaba era una nación todavía más anclada en el pasado. La masa inmóvil e inalterable del campesinado - en las comunidades rurales restauradas - a quienes la revolución había dado tierras, o mejor, cuya ocupación y reparto de la tierra se había aceptado como el precio necesario de la victoria y la supervivencia. Lo que de hecho gobernaba el país era una élite de burócratas grandes o pequeños, - apoyados militarmente por el Ejército Nacional y la CIA cuyo nivel medio de cultura y calificaciones era aún más bajo que antes. ¿Qué opciones tenían los gobiernos dominicanos y los capitalistas extranjeros del FMI preocupados por los activos y las inversiones de Wall Street en el país? Balaguer tuvo un relativo éxito en su empeño de restaurar la economía dominicana a partir de estado ruinoso en 1986. Al llegar los años noventa la producción dominicana se había recuperado sustancialmente de lo que era, aunque eso no quería decir mucho. La población dominicana seguía siendo tan abrumadoramente rural como en 1900 y de hecho sólo el 12.5 por ciento de la población trabajaba fuera del sector agrícola. Lo que el campesino quería vender a las ciudades, lo que querían comprar, la parte de sus ingresos que querían ahorrar, y cuantos, de los muchos millones que habían decidido invertir para alimentarse, en los pueblos, antes de enfrentarse a la miseria en la ciudad abandonaron sus conucos. Todo era determinante para el futuro económico de República Dominicana, pues, a parte de los ingresos estatales, en concepto de impuestos, el país no tenía otra fuente de inversiones y de mano de obra calificada. Dejando a un lado las consideraciones políticas, la continuación de la democracia representativa del Siglo 21, con, o sin enmiendas constitucionales producirá, en el mejor de los casos, un ritmo de progreso modesto. Además, hasta que hubiese un desarrollo industrial mucho mayor, era muy poco lo que los campesinos podían comprar en las ciudades y que podían tentarles a vender sus excedentes antes que los intermediarios de los supermercados y de las haciendas los obligaran a comérselos y bebérselos en los pueblos.

Este hecho sería la soga que acabaría estrangulando la democracia electoral. Cuarenta años después, circunstancias socio políticas y económicas similares ponen en juego el estado de derecho en nuestro país, desestabilizando la productividad. Hoy, aun cuando no es nuestra intención analizar el proceso actual, los trabajadores y las clases medias deben estar preguntándose por qué se debe aumentar su salario real si de todas maneras la economía dominicana no les produce artículos de consumo para comprar con esos aumentos salariales. Este sencillo dato ilustra la posible desintegración de la tradicional democracia presidencialista. Pero ¿Cómo podían producirse esos artículos de consumo a menos que los trabajadores criollos aumentasen la productividad? Por consiguiente, no resulta muy probable que nuestra democracia lograra un crecimiento económico equilibrado basado en una economía agrícola de mercado dirigida desde arriba por el Estado. Para unos gobiernos comprometidos con el clientelismo los argumentos en contra son contundentes. Las escasas fuerzas dedicadas a la construcción de la sociedad quedaron a merced de la producción de mercancías en pequeña escala y de la pequeña empresa que acabo regresando al monopolio del capitalismo, que la revolución tecnológica acababa de derrocar. Y, sin embargo, lo que hizo vacilar a las elites de los partidos políticos tradicionales era el costo previsible de la derrota. De manera que la industrialización forzosa implicaba una segunda revolución económica pero esta vez no desde abajo sino impuesto por el poder del FMI desde arriba. No obstante, cualquier política de modernización acelerada de Santo Domingo, en las circunstancias de la época, había resultado correcta al irse imponiendo contra reformas neoliberales lo que condenaba a la población vulnerable a grandes sacrificios impuestos en buena medida por la coacción.

La ofensiva industrializadora del capitalismo trujillista estaba más cerca de una operación militar que de una empresa económica. Por otro lado, al igual que sucede con las empresas político - militares que tienen legitimidad moral popular, la búsqueda salvaje de los planes de desarrollo económico ganó apoyo gracias a la irracionalidad apasionada que impuso la colectividad. Con toda certeza nuestro sistema político convirtió a los trabajadores en dependientes de un sistema sin rumbo.

Ordenamiento de las provincias de acuerdo a la tasa de pobreza general, 1993, 2002 y 2010

(Modelo ICV-2013)

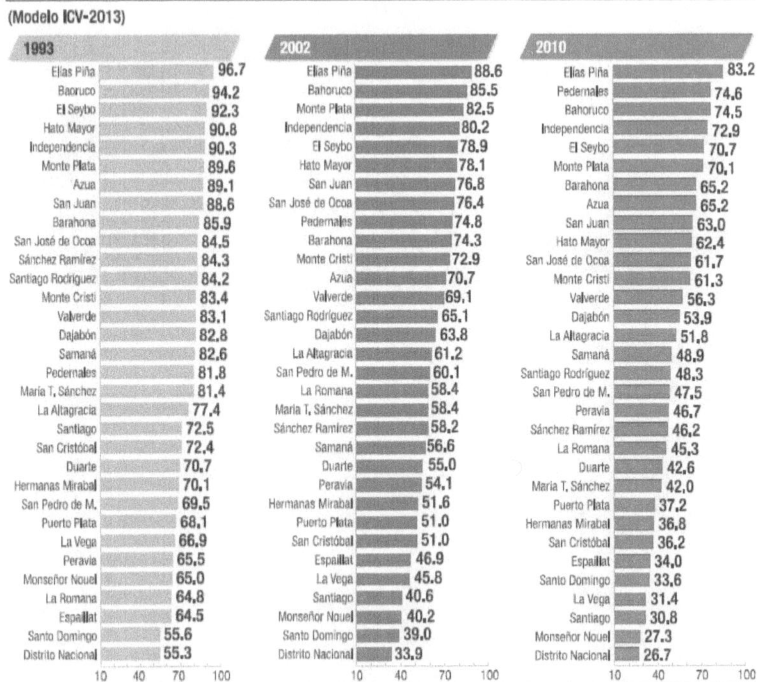

Fuente: Mapa de la pobreza 2014, Ministerio de Economía, Planificación y Desarrollo

José M. Medrano:elDinero

Cuadro 1: Precios Semanales de los Principales Combustibles (RD$/galón) en la República Dominicana – Precios de Referencia del Barril de Crudo (US$/barril)

			Mes de Noviembre 2010					Variaciones vs.		
	Dec-09	30-Oct	6-Nov	13-Nov	20-Nov	27-Nov	Oct-10	Mes Ant.	Dec-09	Nov-09
Gasolina Premium	155.00	168.30	168.30	170.80	170.80	170.80	169.80	2.03%	9.55%	5.66%
Gasolina Regular	145.66	158.00	158.00	160.50	160.50	160.50	159.50	1.78%	9.50%	5.98%
Gasoil Regular	126.07	140.40	141.90	143.90	143.90	143.90	142.85	2.80%	13.31%	13.34%
Gasoil Premium	131.07	145.70	147.90	149.90	149.90	149.90	148.73	3.10%	13.48%	13.51%
AVTUR	100.63	113.33	115.62	118.02	118.02	118.02	116.68	4.39%	15.95%	12.73%
Fuel Oil	94.06	97.79	101.49	104.54	104.54	104.54	102.70	6.45%	9.19%	8.67%
GLP	75.09	83.79	85.79	87.79	87.79	87.79	86.66	5.54%	15.41%	22.11%
Promedio Canasta	107.59	118.32	120.04	122.30	122.30	122.30	121.11	3.69%	12.56%	12.56%
Petróleo WTI (US$)	74.23	82.12	84.98	86.86	82.20		84.19	4.04%	13.42%	7.43%
Petróleo OPEP (US$)	73.78	82.73	84.86	82.03	81.20		82.70	3.44%	12.10%	8.19%

Evolución del PIB de la República Dominicana

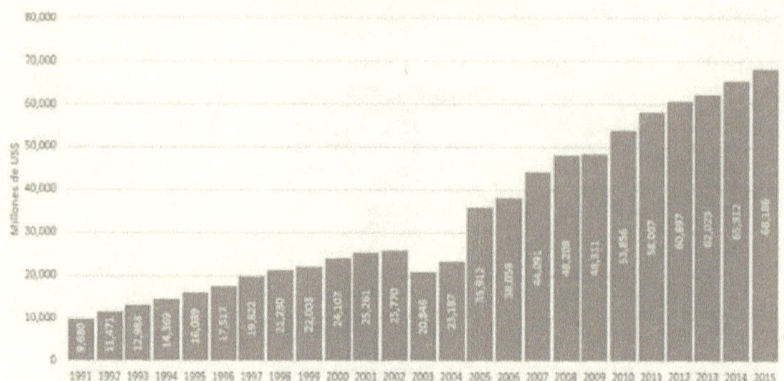

Redes Sociales con mayor cantidad de usuarios
en Centroamérica y el Caribe 2015 vs. 2016
Datos iLifebelt Junio 2016

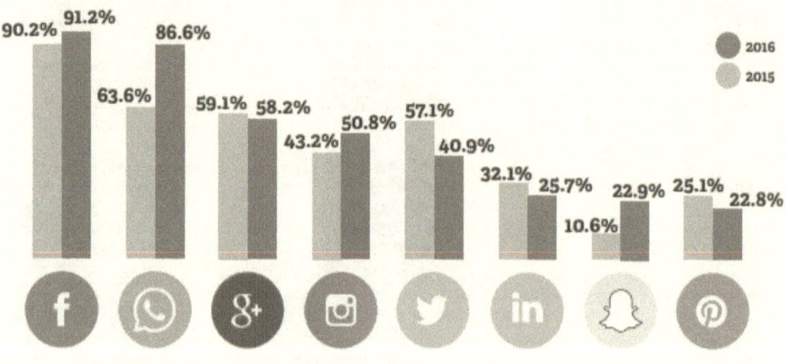

Población de estudiantes "resilientes", altas calificaciones a pesar de la pobreza

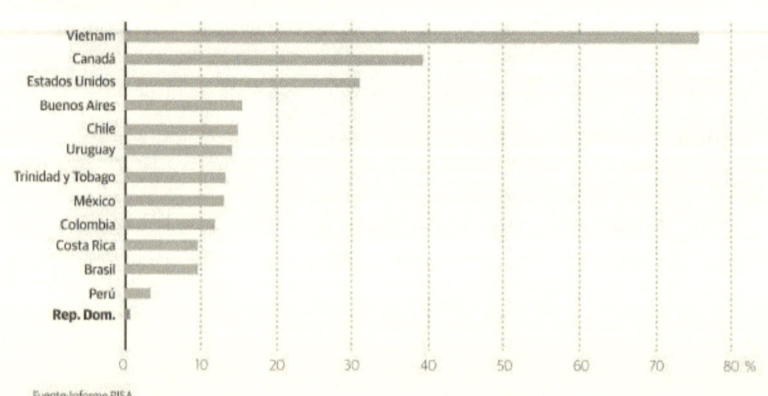

Rep. Dominicana, personas subnutridas y prevalencia
(Millones de personas y %)

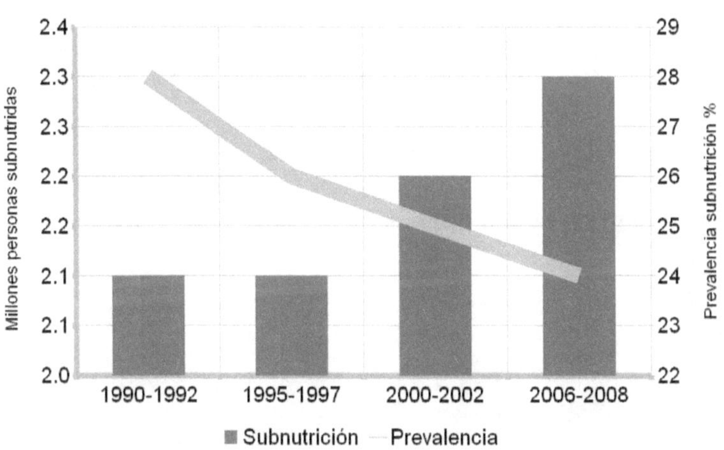

Resultados poblacionales IX censo nacional de población y vivienda

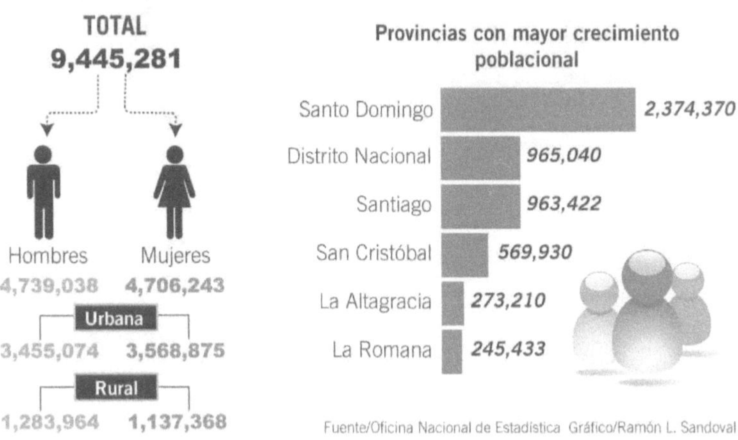

Fuente/Oficina Nacional de Estadística Gráfico/Ramón L. Sandoval

Esperanza de vida al nacer

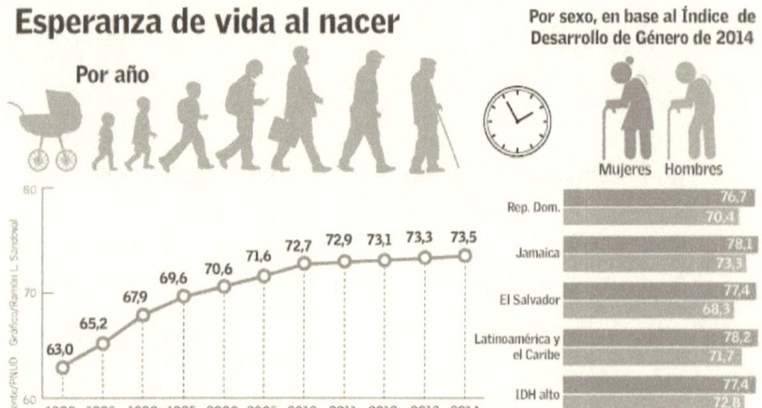

Evolución de la subalimentación en República Dominicana

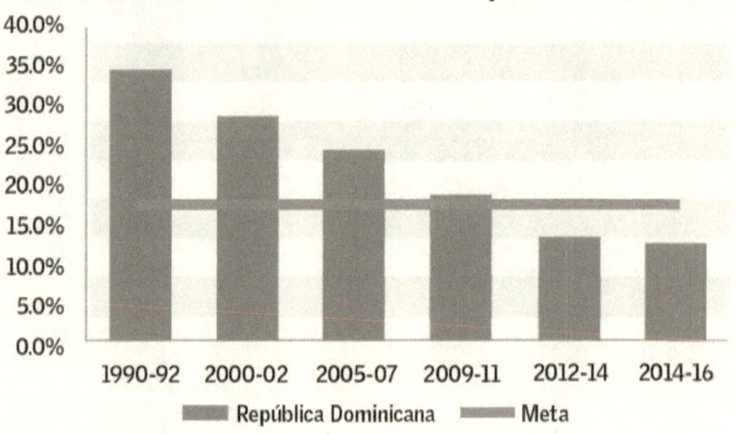

Fuente: FAO, PMA y FIDA (2015)

Deuda del Sector Público Consolidado (SPNF+BCRD)

República Dominicana (Millones US$ 2000-Febrero 2018)

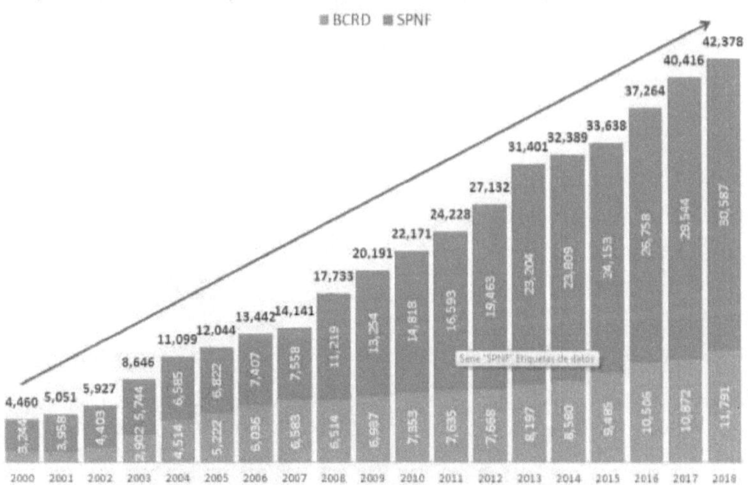

Porcentaje de la Población Dominicana en Condiciones de Pobreza e Indigencia

Porcentaje de la población total con ingresos menores a $2 y $1.25 diarios en PPP

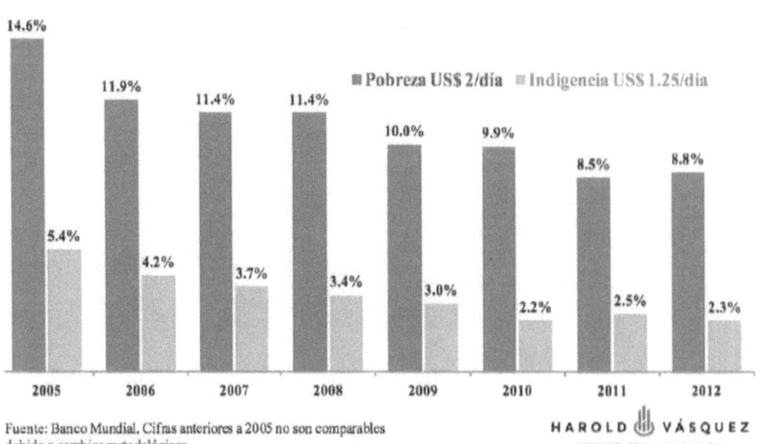

Fuente: Banco Mundial. Cifras anteriores a 2005 no son comparables
debido a cambios metodológicos

HAROLD VÁSQUEZ
ECONOMICS · RESEARCH · ACADEMICS

SATISFACCIÓN CON LA VIDA
Total América Latina y Rep. Dom. 2004-2015
Totales por país 2015

En términos generales, ¿diria us que está satisfecho con su vida? ¿Diria usted que está... Muy satisfecho, Bastante satisfecho, No muy satisfecho, Para nada satisfecho?

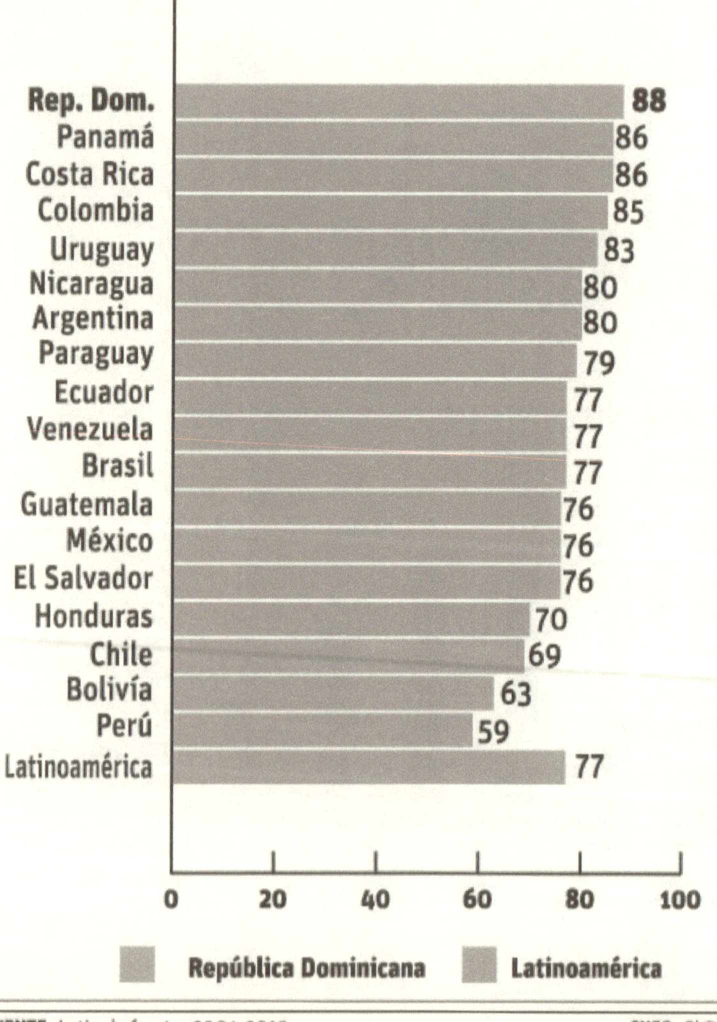

FUENTE: Latinobrómetro 2004-2015   **INFO:** El Día

SALARIO PROMEDIO DE LOS TRABAJADORES POR SEXO, SEGÚN EDAD
AL 31 DE MARZO 2015
(Valores en RD$)

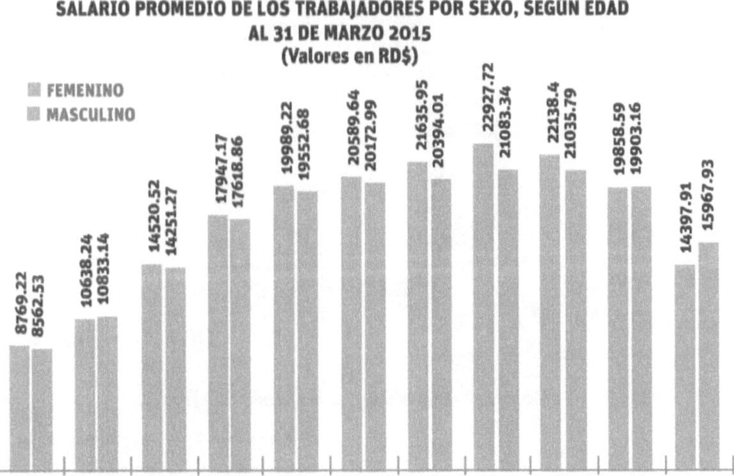

EDAD	SALARIO PROMEDIO	
	Femenino	Masculino
00-19	8,769	8,563
20-24	10,638	10,833
25-29	14,521	14,251
30-34	17,947	17,619
35-39	19,989	19,553
40-44	20,590	20,173
45-49	21,636	20,394
50-54	22,928	21,083
55-59	22,138	21,036
60-64	19,859	19,903
65-99	14,398	15,968

Fuente: Tesorería de la seguridad social

Info: El Día

Cantidad de tarjetas de crédito emitidas
por bancos dominicanos – 2014

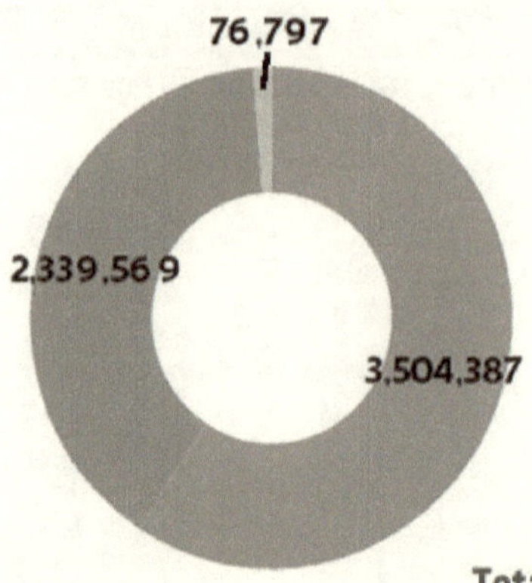

Transacciones por internet

Cantidad de transacciones
Valor en millones

Locales	Internacionales	Total
3,160,000 RD$10,232	3,676,000 RD$16,023.5	6,836,000 RD$26,055

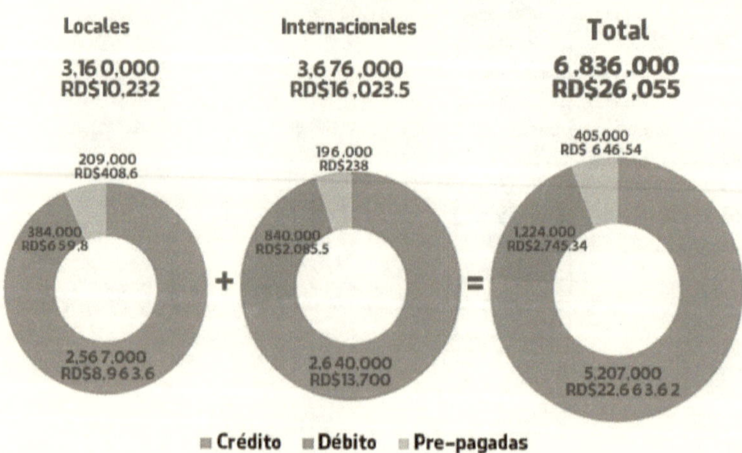